ロンシャン競馬栄光の日

華麗なるフランス競馬

大串 久美子

著

駿河台出版社

現在のロンシャン競馬場

ゲートからいっせいにスタートした馬たち（ロンシャン競馬場）

ペリエ騎手、後ろに見えるのがロンシャン競馬場のシンボルの風車

モン・ベベ（マイ・ベイビー）こと、スミヨン騎手

ロンシャン競馬場パドックの様子正面、緑色の騎乗服がアガ・カン馬、
その後ろ、青の騎乗服がウィルデンシュタイン馬

パリ大賞典当日のロンシャン競馬場正門

パリ大賞典レース後に打ち上げられる花火

ロンシャン競馬場に立つ名馬グラディアトゥールの像

華麗なるフランス競馬――ロンシャン競馬栄光の日◯目次

はじめに ——フランス競馬、プリンスとダンディの愛したスポーツ——

フランスではじめて競馬というものを見た。

競馬場には、子供たちの笑い声が響き、芝の上でピクニックをする家族がいて、盛装した男女が行きかい、キャンバスに向かう絵描きがいた。「優雅」という一言に尽きる印象。いったいこのまばゆい世界はなんなのだろう。

私の抱いた不思議な違和感は、出馬表の馬主欄を見たときにますます強くなった。馬主の名前に、「殿下」「侯爵」「男爵」など、貴族の称号のついた人がちらほらと混じっているのである。今の共和制のフランスで、なんという時代錯誤？　何かの冗談？

どうも冗談ではないらしい。殿下も男爵も、定期的に馬を走らせている。イギリスでは女王様も馬主をなさっている。私の好奇心はもう抑えようがなくなって、何か情報がないかと、まずは競馬場の案内所で問い合わせてみた。それから図書館へも足を運んでみた。

そうしてわかったのは、この独特な世界は、もともとプリンスたちのものだったということだ。競馬というスポーツはイギリスからやってきて、フランスでは絶対王制時代にまず王侯貴族の若い世代の心を掴んだ。そして封建時代が終わりを告げ、新興富裕層が台頭すると、競馬は今度はブルジョワのエリートたち、ダンディのたしなみのひとつとして根付くこととなる。

それにしても、そうした優雅な世界が現代にも続いているとは驚きだ。いったいどんな動機から、各時代の人々は競馬を嗜《たしな》んできたのだろう。これはフランスの歴史を抜きにしては理解できない。ではいっそのこと、競馬の歴史をたどってみようではないか。

競馬は、私が予想していたよりもずっと密接にフランスの歴史とつながっていた。

特に第二帝政期までその傾向は顕著だ。鉄道や自動車が普及するまでは、良馬の生産は国家にとって交通や軍事の方面で重要な政策だったのだから、それは偶然などではないだろう。一国の運命を左右するところに、競馬は位置していたのだから。

競馬がとりわけ優雅な階層と関係していた理由には、このスポーツの黄金時代が到来するまで、フランスの国家体制が、混乱期を除いてほぼずっと王政か帝政だったということがある。王政期のプリンスたち、そして帝政期のダンディたち、彼らが歴史を作り、主役を演じていた時代に競馬は発達してきたのである。

競馬は、私の歴史観さえも変えた。

たとえばフランス革命。社会が王や王妃の命を絶ってまでの変革を迫られたのだから、よほど大きな転換期だったと想像してはいたが、まさにその時、まさかサラブレッドも種牡馬《しゅぼば》牧場も存続を断たれていたとは意外な発見だった。

産業革命期のフランスの世相についても、思いがけない発見があった。事業家や政治家など、その時の立役者たちにとって、出世のためにはジョッキークラブのメンバーであることが非常に有利であり、その資格をみな喉から手が出るほど欲しがったのだ。

歴史と競馬の関係の深さに驚かされるうち、こんな仮説も可能ではないかと思えてきた。「競馬のせいでフランス大革命も七月革命も起こり、ナポレオンはサラブレッドを否定したのでイギリスとの戦争に負け、産業革命は競馬への情熱によって促進された」

奇論だろうか。それが、まんざらただの妄想でもないことが、この先を読めば納得していただけるはずである。


プリンスやダンディにとって、「馬」とは、交通の手段や兵器であると同時に、身分の高さを表わすものでもあった。いわばステータスシンボルであったことが、競馬の歴史をたどるにあたっては大事な鍵《クレ》となる。競馬とは、自己の体力で競うのではなく、高貴な生き物サラブレッドと、騎手というその道の専門家に委任して名誉を賭ける、他には類を見ないエリートのスポーツなのである。

ただ、フランスですぐにイギリス式の競馬が広く受け入れられたかというと、そうではなかった。プリンスやダンディたちの情熱が理解を得るようになるには、馬産家たちの苦労や、多くの歴史的事件が必要だった。

しかし、一度地位が確立されると、時代や体制が変わり、交通や戦争の手段が変わっても、競馬はもはや棄てられることはなかった。その間にも新しいスポーツは数多く誕生したが、この委任勝負である競馬ほどに、特殊な意味合いを帯びたものは生まれていない。馬主のステータスが、馬の世界の貴族であるサラブレッドによって象徴される限り、言い換えれば、馬主たちの社会的地位が高いものである限り、競馬は高貴なスポーツとして続いていく。


それからもうひとつ。「イギリス」という、避けて通れない鍵《クレ》がある。

英仏は海峡ひとつ隔てた隣同士の国だが、その影響関係はとても複雑である。

競馬がフランスに渡った頃、経済的に優勢にあったイギリスが、フランスに対して大きな影響力を持っていた。

大英帝国を築いたイギリスの軍事力は、馬の質の良さと無関係であるはずがない。イギリスから馬を輸入すれば、フランスの馬の質は上がる。しかしイギリスは敵国であることが多かった。ジレンマである。

進んでいる隣国のエネルギーをどこまで吸収するべきかは、フランス人にとって長い間の争点だった。イギリスに憧れを抱く新しい世代の活躍する時機が到来した時、ようやく啓蒙主義は浸透し、かの国の商品や習慣、そして馬が、フランスの上流社会に満ちあふれるようになる。

その後、ナポレオンはイギリスの影響力を止めようとして失敗するが、この英雄が堂々と戦ったからこそ、はじめ憧れによってなされていた競馬は、いつしかイギリス打倒のための競馬へと、名誉を重んじるフランス人の心の中で名目を変え、さらに大衆をも巻き込んで、黄金時代をむかえることになる。

こうした鍵《クレ》を使いながら競馬の世界の扉を開けていくのは、とても楽しい冒険だった。本書ではまず現代フランスの競馬の情景をご覧いただき、その後で、プリンスとダンディたちが歴史を作りながら、また歴史に翻弄されながら、どのように、どんな精神で競馬に情熱を注いできたかをご覧いただこうと思う。

さて、彼らの世界に踏み込む前に、フランスの競馬（クルス・ド・シュヴァー course de chevaux）の種類について、ここで手短に前置きを。

フランスで競馬というと、日本では現在行われていないトロット（速歩）というカテゴリーのほうが、実際には普通のレースよりもポピュラーなのである。庶民パワーと地方パワーは特にこの種目へと向けて注がれている。

トロット（trot トロと発音）というのは、ギャロップ（galop ガロと発音）の対語でもあって、規定された肢の運び方のみを走法としている。馬はサラブレッドではなくトロッター種を使う。騎乗レースもあるが、小さな馬車に乗って操縦する種目のほうがレース数は多く、イタリアやスウェーデンなどでも人気の競馬である。

ギャロップレースというのが、私たち日本人が普通に想像する競馬。イギリスで「ターフturf」と呼ばれて盛んに行われているのはこのカテゴリーであり、さらに平地競走と障害競走とに分けられる。

フランスのギャロップレース、いわゆる「フレンチターフ」の世界をここではとりあげた。その中の平地競走にしぼって話を進めていこうと思う。

それでは、ゲートイン、準備はよろしいですか。

I

フランスへ、競馬を楽しみに！

第一章

現代フランス競馬

パリ祭賞とパリ大賞典

まずは、現代のロンシャン競馬場に足を運んでみよう。

パドックを見下ろせる窓から第八レースの出走馬を観察していると、隣に二人組の女の子がやってきた。おしゃれしたパリジェンヌたちである。

「八番、八番、頭下げてるわ」

ガラス越しに指を差しながらそれだけ言うと、二人はさっさと行ってしまった。パドックを眺めていたのはものの一分。誰かに、「頭を下げている馬が来る」と聞いてきたのだろう。それにしても、全頭をちゃんと見たわけでもないのに。

どうなるかと思っていたら、それから十五分後、あの八番は一着でゴールを抜けたのだ。彼女たちはどこで見ていたのだろう。ゴール地点前に楽しげな女の子の集団があるので、あの中にいるのかもしれない。

七月十四日の革命記念日。お祭りを兼ねてのセミ・ナイターの競馬開催である。全レースが終わって暗くなってから、花火が上がることになっている。

パリジャンにとっての七月は、夏のバカンスの始まるうきうきする時期である。女の子たちも幸福感でいっぱいで、一段ときれいに見える。みんな派手な帽子がよく似合う。彼女たちでなくとも、うきうきというのは行動につながるものだ。この、期待に胸ふくらむムード、体の中からあふれ出るダイナミズム……、これらがじつは民衆を革命へと導いたものなのではないかと、私は本気で疑いたくなってくる。

希望がわく、そうすると何かしたくなり、すれば絶対成功するような気がする。「八番、頭下げてるわ」で勝てる。そんな楽観視を、七月のパリは与えているのにちがいないのだ。

第一レースは五時ごろに始まった。私が着いたのはその少し前で、午後の一番暑い時間帯だった。

この日の呼び物には、花火のほかに「ガーデンパーティー」がある。何だろう、と思ったら、スタンド席の裏、正門の側一帯にパラソルとテーブル席がたくさん用意してあって、どうぞここでおくつろぎくださいということのようだ。軽食やドリンクを出す屋台で買ったものと一緒に陣取ることができる。買わなくたって陣取ることができる。

マロニエの木陰やパラソルの下、テーブルについているのは女の子のグループが多いので、もうその様子だけで華やいでいる。男性陣はスタンド側で馬券を考えているのか。

ほかに探索してみると、子供用のアトラクション小屋があちこちに出ている。アヒル釣りのようなのや、射的や、ちょっと日本のお祭りの夜店に似た雰囲気。今年で五回目になるこのセミ・ナイターは、子供連れにも人気が出たのだ。それもそう、夏休み中の小さな子供を連れて、夜中まで外で遊べるところはそんなにないから。

子供連れ以外にも、少し雰囲気がいつもと違う気がする。どことなく育ちの良いブルジョワな感じの人が多いのだ。そうか、ここはブーローニュの森であって、ブーローニュの森とは高級住宅街のそばに位置するのであって、つまりお金持ちの憩いの場なのだ。彼らが長い夕方の時間を過ごしにやってきているのだ。

ブルジョワな方も、食べているのは庶民と同じもの。クレープが人気でずっと行列が絶えない。見ていると私も欲しくなって、ちょっと引けたところを狙って並んでみた。

ハ、と気が付くと、私の並んでいるすぐそばで、スミヨン騎手の奥様ソフィ・タルマンさんも立ったままクレープを食べていた。この大きな人は何年か前のミス・フランスで、今は「ソフィ・クラブ」という子供向けの馬関連のテレビ番組などをやっている。一緒に小さな女の子がチョコレートを塗ったワッフルにさらに粉砂糖をまぶしたのを食べていた。きっと娘さんにちがいない。

そろそろ観戦スタンドの方へ行き、入り口でもらっておいたプログラムを広げてみよう。

第二レースがカンテに指定されている。フランスでは、毎日一レース、五連単（カンテ

Quinté）まで扱うレースがある。カンテの馬券にはくじ番号もついていて、五着までの馬（順番通り）プラスそのくじ番号も当たれば、最低百万ユーロ（約一億四千万円）の配当になるが、これがなかなか当たらないのでどんどん増額していく。

このせいで、カンテは競馬をよく知らない人にも人気である。その気になれば、自分で馬を選ばなくても、コンピューターがいろんな確立を計算の上で番号を選んでくれるという買い方もある（スポット Spot という）。

その第二レースの名称は、フェット・ナショナル賞。ずばり、この革命記念日のことである。日本流に言うと〈パリ祭賞〉。これにモラタラ侯爵夫人の馬が出るというのを見た瞬間、私の脳裏に、ドラクロワの『民衆を率いる自由の女神』がよぎった。ルーヴル美術館にある、あの有名な絵。モラタラ侯爵夫人は、七十九歳の勇ましくてジャンヌ・ダルクのようなスポーツウーマンである。あの、銃を左手に、三色旗を右手にした女神は、まるでこの人のイメージだ。きっと革命を成功に導くに違いない。

よし、ひらめいた！　この人の**ビアーズド**という馬を買ってみよう。ジョッキーは、日本でもおなじみのルメール騎手。ああ、これはすばらしい。

オッズを見ると、二十一倍。十五頭中の十二番人気。まあ、どうしたこと。それでもよい、お祭りだから。

その穴馬の複勝を買って、スタンド席に着く。大スクリーンに映し出されているスタート付近の様子に目をやると、赤い勝負服にグリーンの帽子のルメール騎手を乗せた**ビアーズド**が、ゲートに入るのを拒んでいるところだ。他の馬はみんな入ってしまった。鼻先を紐で引っ張られ、尻尾も前へと引っ張られ、それでもどうしても入らないとふんばっている。係員がイライラしている。

もっとかわいがっておだてて入れてくれれば良いのに……。いつもは丁寧なのに、今日の人はちがうのか、ちょっと雑で馬がかわいそうになった。これでは出走をとりやめてもしかたない。五分以上はかかって、でも最後には入れられてしまった。安堵したスタンド席から拍手が起こった。

こうやって駄々をこねてスタートになるとよくあることなのだが、この**ビアーズド**、ゲートが開いてみたらのびのびと走って、大外を回りながらもぐんぐん伸びて、なんと一着でゴールしてしまった。

侯爵夫人は表彰台に上られるだろうか。パドックの「向こう側の世界」では、上流社交界のガーデンパーティーが開かれている。「こちら側」からは立ち入り禁止になっていて、パドック越しに眺めるだけである。それでも想像力は充分かきたてられる。

ちょっとだけ期待してみたけれど、**ビアーズド**の持ち主は今日ロンシャンへいらしていないようだ。よく考えたら、侯爵夫人なのだから、革命に遭えばギロチンになってしまうかもしれない。王党派をとっちめた記念日なのだ。「フレンチターフの女王様」と呼ぶべきお方をつかまえて革命とは、私の当たり馬券はどうも勘違いだったようだ。

　それにしても、馬たちはすごい汗だ。あまりレースに適した気温ではないのだろう。今日が終わればバカンス競馬で、パリに戻るのは九月となるから、あとひとがんばりだ。

　さて、第五レースまで眺めてしまうと、その次はいよいよこの日のメイン、パリ大賞典（G1）である。**パントルセレブル**の息子**ベエシュタム**を応援したいところだが、この馬は地面が固すぎれば棄権するかもしれないと、朝のうちから宣言していた。で、地面は固そうなのだ。出走とりやめまでせずとも、馬主アガ・カンは馬を無理に使うことはしないはず。

　ベエシュタムの父**パントルセレブル**はウィルデンシュタインの産出した凱旋門馬で、今では外国で種牡馬をしている。一九九七年の凱旋門賞、あの時、**サクラローレル**という日本の馬が挑戦する予定だったので、日本からの応援もたくさん来ていた。でも、**サクラローレル**はかわいそうに前哨戦のフォワ賞で故障してしまったのだった。

　ウィルデンシュタインとアガ・カンの血を持つ**ベエシュタム**は、私でなくても期待を寄せる人が多くて、そんな不利な馬場だというのに一番人気になっていた。

　結果は**ベエシュタム**は六着。優勝はマクトゥムの持ち馬**カヴァルリマン**。つわものファーブルが調教師で、騎手は彼が発掘したギュイヨンという二十歳の新星。嬉しそうな勝者インタビューにこちらもじんわりときた。

最終の第八レースが九時二十分のスタートである。それですべて終わってしまっても、まだ日は暮れない。セミ・ナイターといっても、フランスでは夏の日暮れが遅いので、昼間の開催と明るさは同じなのである。さっきと同じ感覚でまだクレープをほおばっている女の子もいる。

しかし、日が暮れなければ花火は上がらない。日没時刻は十時少し前なのだが、暗くなるにはもっと待たないといけない。このたそがれ時がけっこう長いのだ。つなぎの余興にガーデンパーティー側ではコンサートが始まった。

若者たちがステージのミュージシャンを前に踊っている。フロアから外れたところでは、お年寄りがベンチに腰掛けて騒々しい夏の夜におしゃべりを楽しんでいる。アトラクション小屋はとっくに閉まったが、子供たちはまだまだ駆け回って遊んでいる。もうじき夜の十一時になるというのに。

一巡りそぞろ歩き、ふたたびスタンド席へ上ると、ずいぶんと暗くなってきていた。目星をつけておいたあたりの席に座る。気がつけば《賃貸席》と書いてあるけれど、まばらにしか人はいなくて開放されている。《座席に立ち上がってはいけません》ともある。上品に座って見る席なのだ。ちょっと特権的な気分。

肌寒くなったのでセーターを着て、暗がりの中でしばらくじっと待つ。

うつらうつらしながら目を上げてみると、ああっ、エッフェル塔のほうで花火が始まっている！　音楽で音が聞こえなかったのだ。

遠いけれどまあまあよく見える。パリ祭の最大の花火は、このエッフェル塔で上がるものだ。それに、塔の足元シャン・ド・マルスでは、花火の前にフランスで一番人気のロック歌手が無料コンサートを行ったので、あそこはものすごい動員数にちがいない。

そういえば、ロンシャン競馬場ができる前、パリ競馬の舞台はまさしくあのシャン・ド・マルスだったのだ。エッフェル塔の建つ四十年前のこと、あそこでの最大の催しは競馬だった。

そんなことを考えながら遠い花火に見とれていると、場内アナウンスがあって、いよいよこちらでも最初の一発に点火がなされた。プルーズ（pelouse コース内側の芝のスペース）に置かれた四台のスピーカーのうち一台が私の真正面で、音響のほうも迫力満点である。

気負った感じのテクノにのせて、花火の演出は息をつかせない連続もの。エッフェル塔よりもこちらを選ぶマニアックな層をうまく狙っていた。

しかし、花火を見るというのはなんて眠たいもの。パリ祭の花火はどこもほぼ夜十一時から。自由・平等・博愛のこのお祭りの日、パリ中どこでも平等に同じ時刻に日は暮れる。

ディープなインパクト

ロンシャン競馬場が最高に盛り上がるのは、凱旋門賞の日である。このレースを制覇することが、世界の競馬人の夢。

スピードシンボリ、メジロムサシ、シリウスシンボリ、エルコンドルパサー、マンハッタンカ

フェ、**タップダンスシチー**、**ディープインパクト**、**メイショウサムソン**。八頭の日本の名馬たちが、これまでこの栄光に挑戦した（二〇〇九年まで）。**スピードシンボリ**による初挑戦が一九六九年で、それからちょうど三十年後に、**エルコンドルパサー**が優勝まで半馬身に迫る。

その凱旋門賞の日のロンシャンは、それはそれは華やかで、賑やかで、これを見ずにはフランス競馬を見たとは言えないのだ、と、言いたいところだが、あまりの混雑で、じつはよく見えないのである。

だから私は敬遠ぎみになっていた。でも、二〇〇六年のこのイベントの日は、そんな気持ちを覆させるほど、何週間も前からえらい騒ぎで報道されていたのだ。日本から、全国の期待を背負ってやってくる馬があるというのである。その名は**ディープインパクト**。

「とにかく恐るべき評判の馬なのだ。その一頭に対抗して、フランスの最強トレーナー、ファーブルが調教する三頭が挑戦をうけて立つ。この四頭に並んで脇役を演じようという者はそうはいない。全八頭という、六十五年ぶりの少頭数の凱旋門となった……」

怪物が現れたという騒ぎ。なんだかものすごい事件に立ち会う義務が、フランスにいる日本人の私にはあるような気がしてきた。はるばる日本からたくさんの人が応援に来るという噂も、どこからともなく耳に入ってきていた。私は近くにいるのだ。行かずば、非国民だ。

そうして、一念奮起して、出かけることにしたのだった。

凱旋門賞は、一九二〇年に第一回が行われた。前年に第一次大戦が終結したところで、平和の記念と競馬の振興のために、盛大なレースを創設しようということだった。それから八十六年が経った。第二次大戦中の二回の中止を数えて、第八十五回凱旋門賞。

その当日、十月一日。覚悟はしていたけれど、ものすごい混雑だった。私が着いた時にはパンフレット形式のカラー印刷のプログラムはもう一冊もなかった。かろうじて、白黒コピーの出頭馬だけは分かるプログラムを手に入れた。

こんなロンシャンは見たことがなかった。普段のロンシャンはおっとりかまえた公爵夫人といった雰囲気で、威厳に満ちつつ、優雅さからくるゆとりを漂わせる場所なのだ。それが、ぎゅうぎゅうに詰め物をされて窒息寸前という感じ。これでは、馬券を買うのもコーヒーを飲むのもトイレに行くのさえもきっと無理だろう。

動ける範囲をうろうろしてみる。あちこちに馬券発売機が設置されるようになっていたので、スタンド内にある発券窓口は思ったほどの行列ではなさそうだ。逆にこの日のために特設した屋外の窓口のほうが混んでいる。日本人が長蛇の列を作っている。その様子を見ているうちに、気持ちが昂ぶってきた。騒然とした空気というのは、それだけでなぜか興奮を誘うのだ。

バーのほうではイギリス人ががぶがぶビールを飲んでいる。この人たちはここを離れたらもう戻って来れないかもという感じでカウンターにしがみついている。

それよりも、背の小さい私は、スタンドに立つ場所がなくなったら馬場が見えないのではないかという不安があったので、少しばかり高いところに行っておこうと、第七レースとなる凱旋門賞の二レースも前から移動して、決めた場所を動かないことにした。

階段状になっている立ち見のスタンドに、何枚かの風呂敷がしいてある。でもフランス人にもイギリス人にもその意味は分からない。

いよいよ「ザ・レース」の前になると、バーのほうにいたイギリス人もスタンドへ出てきたのか、さらに人数が膨れ上がった。私の目の前はコースぎわの柵まで人の頭で埋まってしまった。もう一歩も動けない。うごめく頭の海原に、ところどころ、日の丸の小旗が揺れている。ここがロンシャンとはまた信じられない。今からの二分半の時間のために、これだけの人がここにひしめいている。

頭上には、上階のスタンド席が張り出している。上も超満員なのだろう。そう想像したら、落ちてくるのではないかと思ってひやりとした。

ジリジリリリというベルが鳴って、スタートが有効になった。風車前から走り出した八頭の馬群はゆっくりと向う正面を進んでいく。プチ・ボワ（petit bois 小さな森）の後ろに隠れ、やがて出てくる。でも大スクリーンがすべて映し出してくれている。ぐるっと弧を描きながら緩やかな坂を下り、最後のコーナーにかかると、観衆のざわめきがさらに増してくる。はや、甲高い声が上がる。

直線コースに入ったあたりからか、**ディープインパクト**がぐんぐんのびてきて、あっという間にトップに出てしまった。渦を巻く歓声のうねり。

出るのが早すぎはしないか。でも、まさか、まさか、まさか一着！

私はまばたきもせず、息もつかず、声も出せないまま、見ていた。

見た。後続の馬が上がっている。ゴール前ではもう一頭出てきていた。三着？　三着！

歓声のトーンは変わっていた。一着のショックと三着のショックが、二秒前後して起こったのだから、頭が処理しきれていない。周囲の時差ぼけの空気に侵されてくるようで、なんだか脳みそが真っ白になった。

そして、終わった、という確認。結果が良かったのか悪かったのか、そんな判断なんてとてもできなかった（＊）。


翌日のパリ・チュルフ紙（フランスの競馬専門紙）によると、観衆は六万人を超えていたということだ。記者たちの目にも、あんなロンシャンは初めてで、あんなに湧き上がるシーンを作ってくれた日本人に感謝してもしきれない、と書いていた。

「フランスの馬が地球の裏側で走るからといって、いったいどれだけのフランス人が応援に行くだろう。日本では、競馬そのものの地位がちがうのだ。競馬はナショナルスポーツともいうべき人気を誇っていて、とてつもないインパクトを及ぼすのだ……」

ちょっと気恥ずかしくなるくらい、やけに持ち上げる。なにはともあれ、**ディープインパクト**がロンシャンの歴史に残ることは確実だ。動員数と賭け金の記録もさることながら、社交界の聖地ロンシャンをプチ・ジャポンに様変わりさせたという珍事件として。

競馬場が開く何時間も前から日本人は正門前につめかけていて、門が開くのと同時にプログラムを一人十冊ずつ握りしめたのだそうだ。来られなかった人のためのお土産でもあるのだろう。発券窓口が開いてからは、なんと、**ディープインパクト**の馬券を持って帰るだけのために、単勝券を買っていたのだそうだ。これも、お土産の分もあるのだろう。しかし、持って帰るということは、当たっても払い戻ししないということだ。お土産代、と思えば単勝券一点二ユーロ(約二百八十円)はけして大きな額ではない。が、数千人でそれを買った結果、総計は百二十万ユーロ(一億七千万円)にも達したのだ。これは推算ではあるが、日本人のみによる単勝券のみの購入額で、他の券は入っていない数字である。信じられない。

その結果、**ディープインパクト**は一・一倍までオッズが上がり(最終一・五)、実際に一着になったファーブル調教師の**レイルリンク**は二十五倍という穴になってしまった。

第七レースのスタートは五時三十五分だった。その時間、ブーローニュの森から地鳴りのような声援が沸き起こった。ポルト・マイヨまで聞こえていたに違いない、と、かの新聞も書いていた。ポルト・マイヨはロンシャンのスタンド席から森を越えて四キロちょっとのところにある交通の要所である。

それにしても、あの日に立ち会った日本のみなさんは、ロンシャンの窮屈さに驚きはしなかったろうか。東京競馬場と比べたら、なんて小さいのだろう、と。

普段、土日以外の開催日だと二千から三千人、土日だと一万人というのが、ロンシャンのおよその入場者数である。凱旋門賞の日は特別で、五万人前後。それが日本からの出馬があると六万人を超す。ちなみにジャパンカップの東京競馬場は十五万人だとか（ロンシャンでも百五十年前のパリ大賞典には十五万の人が集まったが……）。

日本からの出走馬が凱旋門賞の栄冠を掴むのはいつのことだろう。次の挑戦時には、ひとつ、リード馬（ペースメーカー）も一緒に出走させてみてはどうかと思う。フランスの厩舎も、イギリスからの挑戦者も、狙う時にはよくこの手を使う。いかがなものだろうか。

＊のちの薬物検査で**ディープインパクト**からフランスでは許可されていない物質が検出されて、失格となる。この時の二着は**プライド**。四着から昇順したのは前年優勝馬の**ハリケーンラン**。

季節はめぐる

フランスでは、競馬のない日は一日もない。ギャロップがなければトロットがあるので、必ずどこかで開催がある。しかも、全国の場外馬券売り場で扱うレースの開催が、必ずある。パリにいれば、五十キロ以内の馬場で競馬がない日は、年間で七十日に満たない（二〇〇九年）。

また、一年のサイクルをレースカレンダーで眺めてみると、とても季節感がある。季節そのものがプログラムを作る要素になっているのだと分かる。天候や、芝（ターフ）の状態、馬の成育に従ってできあがったカレンダーだが、それに人間が合わせることによって、つい忘れそうになる自然の法則を馬が思い出させてくれている。

四月、木々の緑が芽生え、ロンシャンのシーズンが始まる。はじめの一、二週目に、〈セイムール卿賞〉というのがある。今では重賞レースではなくなっているが、セイムール卿という人がフレンチターフの父であるということを知れば、この日は記念日として祝わなくてはならない気持ちになる。

ロンシャン開催は、毎年フレンチターフの父とともに始まり、彼の名馬**ロイヤルオーク**とともに閉じる。

月末か翌月初め、シーズン最初となるG1レース、四歳以上によるガネー賞が開催。

五月、じょじょに初夏を思わせるお天気になっていく。カラッとした青空に街路樹の緑。心はやサクランボの季節と夏のバカンスに向いている。こんな気持ちでロンシャンに行ったら、あ社交界シーズンが開幕したのだなと、いったい何が知らせるのやら、そわそわと感じるのだ。それは、芝の緑であり、パドックのプラタナスの新緑であり、マロニエの花々。そういうものすべてが、高貴な世界を祝福しているような錯覚を受ける。

クラシックのプール・デセーの二戦（イギリスの千ギニーと二千ギニーに相当するG1レース）が、そのロンシャンで行われる（＊）。

障害競走のほうも、春の重賞グラン・スティープル・チェイズ・ド・パリ（パリ大障害）がオトゥイユ競馬場で行われ、こちらも華やか。

六月、社交界はパリから四十キロのシャンティイへと足を伸ばす。薄命のプリンス、オルレアン公フェルディナンが馬を駆ったところ。

古城を背景に、ジョッキークラブ賞（イギリスのダービーに相当、G1）とディアヌ賞（イギリスのオークスに相当、G1）を肴にして宴を催す。女の子たちが夏のバカンスのために買ったドレスと帽子は、ディアヌ賞の日のシャンティイで初お披露目。ピクニック日和が続く。

ほかの競馬場でも、パリ郊外でサン・クルー大賞（G1）など重賞レースが開催。

七月、戸外で過ごすのが何より嬉しい日々。パリ郊外のメゾン・ラフィット競馬場ではピクニックを兼ねた「絵描き大会」が催される。

そして、七月十四日がやってくる。王侯貴族の特権を廃止させ、共和制へと導くことになった発端の日。よって民衆の祭り。年間で最大の祝日である。ロンシャンの競馬がパリ大賞典（G1）を目玉にセミ・ナイターで催され、競馬場は大人も子供も楽しめるエンターテイメント場と化す。

八月、庶民も貴族もみんなバカンス。パリの街は閑散としている。競馬界の面々は海辺のリゾート地、ドーヴィルへ移動。パリには二十の区があるが、二百キロ離れたここドーヴィルが、パリ第二十一区という異名をとっている。

夏に日本からフランスへ遠征してくるジョッキーの方たちも、ここで走る。G1レースはモーリス・ド・ゲースト賞、ジャック・ル・マロワ賞、モルニー賞など。

それに加えこの月は、庶民に人気のトロットレースも海辺のカブールなどで賑やかに催される。日の暮れないナイターで、子供たちもみんなで夜更かし。

九月、誰もがバカンスから帰ってきて、ロンシャンが再開。まずはムーラン・ド・ロンシャン賞（G1）があり、話題は翌月の凱旋門賞に向けてトーンを高めていく。ステップレースは、三歳がニエル賞（G2）、四歳以上がフォワ賞（G2）、ほかに三歳以上牝馬《ひんば》のヴェルメイユ賞（G1）。

十月、第一日曜日に、待ちに待った「ザ・レース」、凱旋門賞がある。世界中の競馬ファンが押し寄せる。すごい人出で、あの大きなロンシャンがとても小さな場所に思える。

月末でロンシャンのシーズンは幕を閉じる。最終日あたり、セイムール卿の馬から名前をいただいたロイヤルオーク賞（G1）がある（**＊＊**）。フレンチターフの父がセイムール卿なら、**ロイヤルオーク**は文字通りフレンチサラブレッドの父である。一七一頭の馬にその血を伝えた。

十一月、障害競走の秋の重賞がオトゥイユ競馬場にて。平地は二歳馬による二戦のG1レースがサン・クルー競馬場にて。それでギャロップレースは幕を閉じ、トップジョッキーたちは日本や香港など平地競走のシーズン中である国に遠征に出かけていく。

そしてトロットレースがぐっと増えてくる。トロットは夏場あまり目立たないだけで、一年中どこかしらで開催されている。フランス全国に競馬場と名のつくのはおよそ二百五十もあるのだが、そのうちの十数か所をのぞいては、すべての馬場でトロットが行われている。全国規模の人気では、ギャロップのはるか上を行くのだ。

十二月、トロット専門のヴァンセンヌ競馬場では、ほぼ毎日の開催となりプログラムがぎっしり。全国を巡回して行われるトロッターによるツール・ド・フランスGNT《ジェエヌテ》（グラン・ナショナル・ド・トロ）のファイナル戦が見もの。

近年はドーヴィルの平地競走が冬にも開催されるようになってきた。ほかの競馬場も全天候用のダートコースを整備するところが増えているので、季節感もこれから変わってくるのだろう。

一月、トロットのフランス最高峰レースであるアメリカ賞が、一月の末にヴァンセンヌ競馬場にて。

二月、まだまだトロットの重賞が続く。ギャロップは南仏などでペースを落として開催されている。

三月、パリで障害競走（オトゥイユ競馬場）や平地競走（サン・クルー競馬場）が始まり、ロンシャン開催が待ち遠しくなる。気分が高まってくる……。

＊イギリス三歳クラシック戦の三冠レースは、二千ギニーとダービーとセントレジャー。牝馬限定戦に千ギニーとオークスがある。
＊＊この賞がイギリス三冠のセントレジャーに相当していたが、四歳以上にも開放されたため、現在は十月初めの三歳限定のショードゥネー賞（G2）を当てはめることもある。

バカンス競馬　ドーヴィルへ

夢の実現をめざしてレースを追っているのは、厩舎《きゅうしゃ》関係の人だけとはかぎらない。一人でキャンプをしながら夏競馬を楽しんでいる「さすらいのギャンブラー」のような人に出会ったことがあった。五十代ぐらいの男性。私と夫がキャンプ地で新聞を広げていたら、声をかけてくれたのだ。

「ドーヴィル競馬場の入場券があるので、よかったらお分けしますよ」と、とても親切に！

バカンスと旅の解放感は、見知らぬ人に対しても心を大きくする。なんだか感動する。彼を競馬目的の旅人のように呼んだけれど、目的ではなくてそれは口実で、じつは心のふれあいだとか、出会いだとか、つまりは冒険、アヴァンチュールが一番の宝物なのだ。

ドーヴィル。今では夏のバカンス地として名高いが、この町の歴史はそんなに古くない。第二帝政時代に、モルニー公爵という政治家が、パリの社交界の人々を呼ぶために建設させた別荘・リゾート地である。

モルニー公爵を私は「悲劇のギャンブラー」と呼ぶ。悲劇的な運命のもとに生まれた高貴な血を持つ男。だけどどこかが滑稽な人物。それはきっと、時代の壮大さと突飛さによって、悲劇と喜劇が背中合わせになっているからなのだ。

この町に来ると、ああ、そのモルニーの土地だなあ、としみじみ感じてしまう。忘れたくても忘れさせてはもらえない。目抜き通りの店の看板には、ピザ・モルニーにカフェ・モルニー、モルニー不動産にモルニー・フラワー……。本人もここまで想定していただろうか。

モルニー広場という名前の大きなロータリーもある。その一角に、彼の大理石の立像がしつらえてあるのだが、夏の土曜日（すぐそばに朝市が立つ）などは車が渋滞して、とんでもない混雑。はまり込んだら三十分も抜けられないことだってある。炎天下、そしてクラクションの嵐の中、モルニーはまるでカラフルな金属の海にもまれて溺れかけているように見える。息苦しそうに、身動きとれず、あきらめの境地で立ちつくしているのは、やっぱりどこかが滑稽だ。

南仏とちがって、涼しい日も多いドーヴィルの夏。裾の長い二十世紀初頭風のドレスが似合うドーヴィルのビーチ。パリの社交界がエレガントに夏をすごすには、南仏よりもこちらのほうが似合っているような気がする。しかし現実には、寒くても暑くてもとにかくがんばって日焼けするのだという輩が、油を塗ってごろごろと転がっているのだが……。

さて競馬場へ来てみれば、ここもやっぱりモルニー公。説明書きのパネルが肖像写真入りでスタンド内にしつらえてあって、これを造ったのはこの人ですと、堂々とうったえている。

そのドーヴィル競馬場は、ノルマンディ様式の看貫場《かんかんば》の建物が特徴的である。八月だけパリ競馬の舞台がこちらへ移動するのだから、花は咲き乱れ鳥は歌い、木々も海のそよ風に踊る。リゾート競馬だから心も軽い。みんなデコントラクテ（力を抜いてくつろいで）していて気持ちが豊かな感じがする。

モルニー・ワールド、ドーヴィルは、短い夏のひとときだけ扉の開くお伽《とぎ》の国のよう。ビーチとカジノと競馬とショッピング。しかし、すべて高くつく。社交界がエレガントに夏を過ごすためなのだから、高いのは当たり前なのである。安めのホテルは何ヶ月も前に予約しないと、絶対に無理。

よって、庶民はキャンプをするのである。このへんが、革命で自由と平等を手にした国民の領域というかで、貧乏人にもかならずバカンスの手段が与えられているのだ。

ロードマップを見てみると、キャンプ場はノルマンディの海辺に沿ってたくさんある。フランス人は、ピクニック同様、キャンプも大好きなのだ。

キャンピングカーから庇《ひさし》を張り出して、テーブルと椅子を並べたわきで洗濯物を干している、やけに普段の生活っぽいキャンパーのオバサンに話を聞く。

「ここに二ヶ月このまま滞在するんです」とのこと。

これは長いケースだが、それでもキャンプ場に来たらたいてい三週間は滞在する。そのために、遠路はるばる道具を担いで千キロもやってきたりする。ただ、キャンプといっても、固定した可動式住宅《モビルホーム》（この矛盾の関係）に住んでいたり、ほぼそれと同じように利用できるキャンピングカーでやってきたりする。なんのためというと、何もしないため、または、一日中くつろいでバーベキューをやるため、なのである。食事の時にはソーセージを焼き、それ以外の時間は自分を焼く。

「何もしない」ために千キロはるばる渋滞の中をやってくるのは、ご苦労様である。この国の人はこういうところがけっこう辛抱強い。

でもそんなキャンプ場にも、よく見るとちがった人種がいるのだ。「さすらいのギャンブラー」の種。彼らは夏競馬を楽しみながら、気の向くままに、いや開催カレンダーの示すままに、毎日キャンプ地を変える旅人である。

近場でも、ドーヴィルなら市内にもうひとつ、障害競走のクレールフォンテーヌ競馬場があるし、ちょっと足を伸ばせばカブール競馬場でナイターのトロットレースが見られる。ほかにも、ひなびた地方競馬も入れたらノルマンディ地方だけを歩いても、夏じゅうどこかしらで競馬が楽しめるのだ。

夏はそれに、普段は近寄りがたい世界も少しばかり身近に感じる。すべてアヴァンチュールの雰囲気がそう思わせるのだろうか。

実際ターフのセレブリテの世界を近くに見たいと思ったら、ロンシャンよりもドーヴィルのほうがおすすめだ。ロンシャンは大きすぎて、馬主たちVIPと私たち平民は同じ敷地内にいながらなかなか顔を合わせる機会なんてない。

そこへいくと、ドーヴィル競馬場はこじんまりしていて愛嬌がある。馬主、調教師、それにジョッキーも、そのへんを歩いているのによくすれ違う。そういえば、ペリエ騎手や日本の武豊騎手に出くわしたのも、あのこじんまりしたドーヴィルでだった。昔トップジョッキーで、今は調教師となったフレディ・ヘッドも、パドックからスタンドへとのんびり歩いている。

かといって、ファンが寄ってたかるということはない。芸能人やサッカー選手ならともかく、ジョッキーに対してのそれはない。そういうところが、競馬はやっぱり大人のスポーツなのだなと思わせる。暗黙のルール、マナーがある。

パノラマ展望のレストランで、運がよければ有名人が食事しているのに隣り合わせるかもしれない。男性はジャケットにネクタイ、女性もおしゃれして出かけたい。ここでもやっぱり、賭け事そのものが目的というより、社交が大事なのだ。賭け事はその材料、食事さえもその口実なのだ。

草上の昼食　メゾン・ラフィット

照りつける太陽の下、競馬場の真ん中で黙々とキャンバスに向かう絵描きたち。

これもまた、フランスらしい競馬場の夏の風物詩である。『草上の昼食』と銘打って、パリ郊外のメゾン・ラフィット競馬場で、印象派の画家へのオマージュイベントが開催される。マネの有名な絵からとったタイトルそのまま、絵を描く人たちの傍ら、ピクニックをする人々で賑わう日である。木陰の中では、半分酔っ払ってしまったご老人が、描きかけの絵をそっちのけにして老人会のメンバーとお昼のテーブルを囲んでいる。家族でピクニック中のお父さんは、デザートのアイスクリームを買いに行くついでに馬券の窓口に並びに来た。

美術と競馬イベントを組み合わせる企画はいろいろあって楽しみなのだが、特にこの絵描き大会、見ているのも面白いけれど、コンクール形式になっているので参加意欲を誘うのだ。一等賞から三等賞まで賞金が出るのである。誰でも参加できて、入賞者の作品は賞金と引き換え、つまり買い上げということになる。一等千百ユーロ（約十五万円）、二等七百ユーロ（約十万円）、三等四百ユーロ（約六万円）。なんだか競馬の賞金みたいである（〇の数は違うけれど）。というわけで、私もある夏のこと、登録用紙を手に入れて申し込んでみた。

朝の九時、人の少ない競馬場はとても気持ちが良い。絵描きが何人か、広い芝地のあちこちに散らばっているのと、あとは馬場の整備の人や、早く到着した調教師、厩務員《きゅうむ》、報道の器材関係の人などしかいない。

馬をのせたトレーラーがちらほらと到着してくる。車から降ろし、ポクポクと厩舎のほうへ向かっていく。本馬場を走らせはしないが、パドックを回したりはする。立ち入り禁止の厩舎のほうでは、体を洗っているのだろう、水の音と不規則なひづめの音、それに時々いななきも聞こえてくる。

イーゼルを立てた絵描きの中には、もう真剣に描き始めている人もいる。午後は暑くなるから、早いうちに進めておきたいのだろう。

メゾン・ラフィットは、その昔、ルイ十六世の弟アルトワ伯爵の所有地だった。競馬にぞっこんだったプリンス・アルトワは、まさにこの土地で、馬を育て、走らせていた。その後は政治家・銀行家のラフィット家が地主となり、ダンディで鳴らしたシャルル・ラフィットらがやはり競馬を行った。つまり、プリンスとダンディたちの夢の跡で、今日、競馬&ピクニック&絵描き大会が開催されているというわけで、舞台としてこんなに素敵な設定もない。

昼過ぎに第一レースが始まり、それから祭りたけなわとなっていく。バーベキューの屋台からはおいしそうな煙と匂いが立ちのぼり、子供たちはアトラクションで大はしゃぎ、あちこちにカラフルなパラソルが開いていて、その下で大人たちは盛り上がっている。キャンプ用だがテーブルと椅子を準備する人も多い。

コンクールの判定基準は「この日の雰囲気を描くこと」なのだが、しかし、よく考えてみると、朝の静かなうちからこの祭りの雰囲気を描くというのは、ちょっと難題だ。

みんな何を描いているのだろう、と見てみれば、朝ののどかな風景や、想像上の祝祭や。写生大会なんて人ごとのように、抽象画や静物画、デザイン画にしている人もいる。やけにプロっぽい人もいて気が引けるけれど、子供も混じっていて元気が出る。

判定基準なんて別に気にすることはないようだ。何を描いてもよいみたい。それなら私もこの場を楽しむことにして、のどかな風景でも描き進めることとしよう。

でも思ったとおり、午後になると気温がどんどん上がってきた。マロニエのつくる濃い木陰は気持ち良さそうなのだが、時間の経つにつれて陰の中は超満員になってしまった。

外で絵を描くというのは、想像以上に体力のいる仕事だった。良い絵ができそうな人を見てみると、けっこう辛そうでもある。印象派というのは、それまでの絵画の在り方を覆して、アトリエ内での制作から戸外での現場描きへと革命的変化をもたらした流派である。彼らはなるほど、エネルギッシュな画家たちだったのだな、と思う。

ピクニック組のほうを見てみると、こちらもびっくりするような人たちがいる。大きな籐製のトランクを開けると、陶器の食器類一式が出てきた。グラスはガラスかクリスタル製で、紙コップや紙皿なんか使わないのだ。もう一つのバスケットを開けると、スパゲティの山盛り入ったタッパーや、トマトサラダの折、チーズの折、生ハム、ソーセージなどなど、出てくる、出てくる。それからワインを何本も並べる。もう一つの包みはデザートのタルトか。

きっと、夏の間じゅう、天気さえよければこの人たちはこうしてピクニックしているのに違いない。ここに注ぐエネルギーも大したものだ。

炎天下で描いている人たちは大丈夫だろうか。一心不乱にがんばっている。それを審査員団が見て回っている。そういえば競馬が何レースか終ったはずだが、とても観戦している余裕なんてなかった。

ピクニック組のほうも、あまり競馬に興味がある風でもない。はじめは絵描きの様子を見学していたけれど、広げるものを広げてしまったらもう本気でピクニックしている。食べ終わるまでは少なくともわき目をふりそうにない。まったく競馬に興味のなかった人もたくさん来ているのだ。

ずっと向こうではポニー乗馬の体験教室をやっている。ほかに子供のアトラクションは、なわとび、ディアボロ（紐を使って空中で回すコマ）など、昔風のゲームだが、今の子たちはそれが新しいと感じるようだ。

そんなのをぼんやり眺めているうち、うとうとした。気がつくと鼻の頭がひりひりとほてっている。

審査結果の発表が予定時刻より大幅に遅れている。レースとレースの合間にやるので、一度タイミングを逃すと三十分単位でずれ込んでいくのだ。主催者たちが審査員らをせかすヒソヒソ声が、夢うつつに聞こえてくる。

「この炎天下では、参加者が干からびてきますよ、早くしないと」

「それに最終レースが終わってしまったら、観客がいなくなってしまいますよ、早くしないと」

おまけに市長が遅刻していたらしい。このイベントは競馬協会と地元の自治体が共同で主催しているのだ。市長は到着するやいなや授賞台へよじ登って、手短に挨拶した。一緒にアイルランドの外務大臣を連れてきていた。アイルランドでは外務大臣が競馬大臣というのを兼ねているのだ、と言っていた。

それから急いで審査員長が審査結果を発表して、私たちのレースは終わり、ゴール！　するると、背中のほうでは最終レースがスタート！

お疲れさま。祝祭日というのは疲れるものです。観客はただ見ていればいいけれど、立役者のほうはたいへんです。馬もジョッキーもお疲れさま。

夢中で走って賞金内に入着するジョッキーの気持ちを分かち合った気持ち。私はかなり手抜きの走りで、参加することに意義がある派だったのでそれは言い過ぎだけれど、賞金内に入着した絵描きはそんな気持ちに違いない。

授賞台に上がった彼らには、競馬のほうの入着祝いと同じシャンパンも授与されていた。これは、プロでも駄馬でも参加できる、もうひとつのレースなのだ。

この後、疲れきった参加者たちはカクテルパーティーに招待され、やっと長い夏の一日のイベントが終わる。日焼けかカクテルか、みんな真っ赤になっていた。

場外でもＰＭＵで盛り上がる

「アレ、モン・べべ（ゴー、マイ・ベイビー）！」

パリ下町のとあるＰＭＵ《ペーエムユー》カフェ。あれはディアヌ賞の日だった。話題のレースが始まる十分前、通りがかっただけなのに、そのカフェのざわめきに引きよせられた。

人のひしめく中、テレビモニターの前に椅子を移動してきて大きなお尻をのせ、映像を見上げているアフリカ人のオバサンがいる。店のすぐ近くにアフリカ街があるので、そこの住人だろう。はちきれそうな体のそのオバサンは、リズムをつけて前後に上半身を揺らしながら、念仏のように唱えている。

「アレ、モン・べべ。アレ、モン・べべ。アレ、モン・べべ……」

オバサンのべべ（ベイビー）とはスミヨン騎手のことであり、彼の乗る馬を単勝で買っている。馬券をおふだのように握りしめているから分かってしまう。二〇〇八年のディアヌ賞、スミヨン騎手の乗る馬は、**ザルカヴァ**。

スタートになる前から、オバサンの念仏は始まっていた。まずは低く、祈りのように。何分間も休みなく。

スタートになると、**ザルカヴァ**は後方に付けていて、オバサンはなんともやるせない表情。だんだん念仏にドスが効いてくる。

「アレ、モン・べべ！　アレ、モン・べべ！」

最後の直線コースに入ると、カフェ中が轟音で満たされてしまったが、オバサンの声はそんなもの飛び越えて、一気に天に昇っていった。

「アレーーーー！！！　モン・べ・べーーーー！！！」

その声はスミヨン騎手の耳に届き、一着でゴールを抜けた。彼はオバサンに向かって左手をあげ人差し指でサインを送った。オバサンは今にも失神しそうだった。

そのレースが終わると、カフェの中はいくらか風通りが良くなった。レースを見るためだけに立ち寄る人もあるからだ。

ＰＭＵとは Pari Mutuel Urbain（ずばり場外投票制のこと）の頭文字であり、これを団体名として使用したのが、国家保証付きの全国網の馬券屋である。（ちなみに場内投票はＰＭＨ《ペーエムアッシュ》、Pari Mutuel Hippodrome という。）そのＰＭＵシステムの末端を導入してあって、馬券の購入ができる喫茶店が、「ＰＭＵカフェ」いわゆる馬券カフェである。
馬券屋と言うとどことなく胡散《うさん》臭い響きがあるが、ＰＭＵという団体は、れっきとした「経済利益団体」で、非営利団体である五十一の競馬協会で構成される。そのうち二つは親協会と呼ばれる、フランス・ガロ（平地競走と障害競走の親協会）とシュヴァル・フランセ（トロット競走の親協会）である。それぞれの競馬協会が競馬を催し、ＰＭＵが賭けのほうを扱い、馬券売り上げの一部がレース資金に回る。つまり競馬協会とPMUはお互いが補い合う協力関係にある。

馬券の投票制のシステム（ミュチュエル方式）は、フランスで始まったものである。一八六七年、ジョゼフ・オレールというスペイン系のフランス人が考え出した。それから二十年の間に、このシステムは禁止になったり、再び許可されたり、ブックメーカーと競り合いになったり、紆余曲折を経て、フランスで唯一の馬券方式という地位を獲得した。

一時は、賭博による堕落のイメージをなくすために一切の賭け事が禁止されたが、競馬じたいの存続が危ぶまれるほど観衆の足が遠のいてしまった。それで、競馬協会を農業省の管制下とすることにより、馬券は「地域の福祉と馬産奨励のために」販売が許されるようになる。そして一九三〇年には、場外でも馬券の販売ができるようになり、PMUの誕生にいたる。販売権は当然、独占とされた。

全国津々浦々の賭け金をすべて、この国のお墨付きのPMUを通して集めて、他のいかなる業者にもびた一文すらおすそ分けしないという、これは完璧な中央集権だ。さすがナポレオンの国。配当の分配に関しては、税金とちがって不平等なんて絶対に起こらない。

このパラレルな世界の納税者、つまり場外馬券を買う人は、七十五パーセントが三十五歳以上、そして六十パーセントが男性という統計である。女の人も四割というのは思ったよりもずいぶん多い。PMUカフェが入りやすい雰囲気であることが、その理由の一つだと思う。

どんな田舎町でも、必ず中心に広場があってそこに面して教会と役場とカフェがある。そしていまや、どんな田舎町でも、場外馬券売り場があるのだ。カフェでタバコや宝くじやテレホンカードが買えるように、馬券が買えるのだ。ＰＭＵカフェの数は、全国で八千六百軒にのぼる。カフェの客はコーヒーやビールなど飲みながら馬券を買っている。馬券とは関係ない、ただ喫茶が目的の客も普通に混じっている。馬券が買えるとは気がついていない客も多いだろう。

地方の見知らぬ町で心細くなった時、このＰＭＵカフェを発見するとやけに安心することがあるのだ。これだけ地方色に富んだフランスで、どこでも中央に直結する窓口があるとはすごいことではないか。そう思うと「おお我がふるさと」的に、懐かしい気持ちになったりする。

その根拠は何だろう。まず、ＰＭＵカフェの看板は、ＰＭＵが製造させるため、どこの町でもどこのカフェでも同じものが使われているから。グリーンの楕円形に、白抜きでＰＭＵのロゴと赤いポイントカラー。次に、そこにいる人たちは、多くが同じ新聞を読んでいる。全国紙の競馬専門パリ・チュルフ。競馬以外の目的で来ている人たちは地元紙を広げていたりするけれど、どちらにせよ、フィガロとか、ル・モンドなどはあまり見かけない。

そして、見慣れた同じチケットに、同じ熱心さで向かっている馬券客。同じポスターが貼られ、同じようなテレビモニターが同じ映像を送ってきている。それと、やはり年配層に人気なので、若者の気を引く必要がなく、へんに流行のカフェっぽくしないところが、落ち着くゆえんなのだと思う。

なんだ、つまるところは、ただの慣れ親しんだオヤジカフェだということか。とにかくそこに行けば、共通の言葉、共通の概念、仲間意識のようなもので迎えられる気がするのだ。まったく自分には場違いと思えるようなところでさえ、「今日はどの馬が人気ですか」と一言声をかけてみれば、たちまちその空気に溶け込むことができる。他のカフェにはない合言葉があるということなのだ。

しかし、ここ数年のＰＭＵカフェの進化には、目を見張るものがある。窓口以外に機械で馬券が買えるようになった時には、しばらく半信半疑だった。競馬場に発券機が置かれたのもそう昔のことではない、たしか二〇〇五年くらいだと思う。馬券市場に競争相手が出てくるという脅威にお尻をたたかれて、ＰＭＵも目が覚めたのか。

八十年間競馬への賭けを独占してきたＰＭＵだが、二〇一〇年、その市場を開放しなくてはならなくなった。まずはインターネットでの賭けが解禁されるが、現実にはすでに数年前から、外国籍サイトなどがＰＭＵの財布に穴を開けはじめてはいた。

でも、どんなにネット上での賭け事が流行ろうと、カフェ文化の浸透したフランスでは、ＰＭＵはこれからもずっと「庶民のジョッキークラブ」のような役割を持ち続けていくと思うのだ。それに、ＰＭＵにしかない目玉商品もある。くじ付きカンテの馬券では、最大配当が七百五十万ユーロ近く（約十億円）に達したことがある。これもＰＭＵならではの魅力だ。

プリンスとダンディの催しを遠くから観戦する庶民の世界は、ずっと健在であること間違いなし。

第二章

フランス競馬界のスターたち

王国の栄華　アガ・カン四世

今でもフランスの競馬界には、現役のプリンスがいる。たとえばアガ・カン四世という人物がそうである。

この人は、イスラム教イスマエル派の第四十九代イマームという、ものものしい地位にいらっしゃるお方で、称号は本当にプリンスなのである。マホメットの直系子孫、世界二十五カ国に広がる大宗派の精神的最高指導者。それこそ、大アガ・カン王国の君主と呼んでもおかしくない権力と資力を誇っている。

イスラム教の云々……とはいっても、頭にターバンを巻いてはいないし、髭も生やしていないし、ハーレムパンツもはいてはいない。スイス生まれ、フランス住まいの超エリート、ハーバード大学卒のインテリで、超大富豪のプリンスである。生まれは一九三六年なので、もうけっこうなお年だが、どこかしらチャーミングで少年のようなところがある。

アガ・カン殿下の厩舎は、一九二〇年代に祖父のアガ・カン三世が築いたものだ。勝負服はグリーンに赤の肩章。フランスとアイルランドに牧場があって、その馬産は今や世界中に名を響かせるアガ・カン・スタッドという大事業に発展した。牝馬で無敗のまま二〇〇八年の凱旋門馬となった**ザルカヴァ**は、彼のブランドの傑作の一頭である。二〇〇三年凱旋門馬の**ダラカニ**も、今はアガ・カン・スタッドで種牡馬として大功労を収めている。

　この事業を引き継いだ時には、アガ・カン四世はまだ二十四歳という若君だった。お祖父様が前年に亡くなったばかりで、続いて父上のアリ・カンが事故で逝ってしまった時だった。長いこと迷った末、祖父と父の意向を汲む決心をしたのだった。

　アリ・カン殿下は、ちょっと「放蕩息子」的な人だったらしく、アガ・カン三世はイマームなどの重要な役割をこの息子にではなく、孫に託した。でも馬に関しては、自らジェントルマンライダー（馬術競技の選手や競馬のアマチュア騎手をこう呼ぶ）として優秀な成績を収めていたくらいの愛好家だったので、その事業のほうを息子が継いでいた。

　そのさらに息子である、カリム・アガ・カン四世殿下。

　イマームでプリンスか……、と思うと、とても遠い存在だが、実際はとても気さくそうな紳士で、競馬のテレビ中継のためのインタビューにいつも熱心に答えてくれる。インタビュアーの女性が、「殿下《ヴォートル・アルテス》！　殿下《ヴォートル・アルテス》！」と、この戦前生まれのプリンスを追い回す。プリンスは丁寧に、にこやかに、出走馬について、今日のレースの見込みについて語り、ジョッキーとも楽しそうに挨拶を交わしている。

　プリンスには美しい娘さんがいらして、プリンセス・ザラとおっしゃる。彼女もやはりサラブレッドのオーナーで、別個の勝負服を持っている。

馬主はやっぱりそれなりの格のある人たちだと、さまになるなと思う。ため息ものである。競馬の主役は本来、馬やジョッキーではなく、馬主なのだと気づかされる。

フランスにも人気ジョッキーというのはいる。昔から、それこそマリー＝アントワネットの時代からいた。でも、彼らはあくまで、王様にお仕えする身といった雰囲気で、いわゆる「しもべ」、労働者なのである。特殊な絆で結ばれた主従関係。まるで君主と騎士のようなムードを感じさせる。

重賞レースの日のパドックには、花形役者が集まり、なんともエレガントな世界を形成している。おまけに表彰台にはアラン・ドロンがやってきて授与式を受け持ったりするのだから、演出も凝っている。

テレビカメラが彼らの一挙一動を追っていく。彼らが競馬場に到着して、車から降りて、看貫場へと向かう映像は、まるでカンヌ映画祭かと見まごうようだ。

でも、そうした派手なイメージだけでプリンスは務まらない。現実には義務と責任の多い立場なのだ。公衆の利益も考えないといけない。

アガ・カン四世は世界中で文化事業や福祉活動を行っていて、その方面での力も絶大である。第三諸国だけでなく、フランスにおいても国家規模の活動に着手している。シャンティイ城とその広大な地所の損傷の問題にも、このお方が解決策を講じたのだった。

七千万ユーロ（約百億円）という「シャンティイ保存開発基金」が彼の名のもとに立ち上がり、二〇〇五年から二十年の期間が修復などにあてられることになった。大革命以来使われていなかった庭園の噴水も、これで二百二十年ぶりによみがえった。

それと同時期に、プリンスはシャンティイ競馬場のほうにも大々的な改装工事を行わせている。それまでパドックもスタンド席もセピア色の写真そのものだったのが、とても現代的に機能的に生まれ変わった。

シャンティイは、アガ・カン殿下のお膝元なのである。フランス最大のトレーニングセンターもここにあり、大物調教師たちの厩舎が集中している。街の中にも馬関係の人がたくさん住んでいる。由緒正しい馬の小国なのだ。

フランスに競馬協会ができて以来、毎年ここで初夏に盛大な宴が催されてきた。柔らかな芝の上、東にはお城を北には壮麗な大厩舎を背景に、帽子の女性とスーツ姿の男性がピクニックをする。テーブルと椅子を出し、真っ白なクロスを引く人もいる。馬具メーカーのエルメスがディアヌ賞のスポンサーを二十年つとめたので、そのイメージもシャンティイの華やかさに貢献している。

十九世紀にここでフランス王太子が競馬イベントを盛り上げたように、プリンス・アガ・カンも皆の衆の楽しむ様子をごらんになって、きっとご満足に違いない。

アラブのプリンスたち

ほかにプリンスといえば、それはもうアラブの王様たちのことである。イギリスでも大活躍の馬主たち。ゴドルフィン厩舎とか、マクトゥム殿下とか、ドバイの競馬云々は、今やサラブレッドの競走について語るのに必須のキーワードとなっている。

アラブのプリンスたちが西洋競馬に目を向けはじめたのは一九七〇年代末のこと。そして八〇年代には英仏の重賞レースを次々に制覇してしまう。イギリスよりはまだ防衛線を張っているというのが、フランスにとってせめてもの慰めなのだが、アラブのプリンスたちに油断はならない。お金任せの遊びかと思いきや、とてつもなく本気らしく、ほんの二、三十年のうちに世界の競馬界で最高の地位を確立してしまった。

考えてみれば、サラブレッドの父の本家はアラブなのだ。元祖父親の名誉のもとに、彼らもゲーム参加ののろしを上げたのだ。

まずはマクトゥム・ファミリー。シェイク・モハメド・ビン・ラシド・アル・マクトゥムというすごい名前の殿下はドバイの首長で、アラブ首長国連邦の副大統領も務める。ご自身でも厩舎を持つが、それとは別にファミリーで所有する〈ゴドルフィン〉という名前の厩舎もある。ドバイに競馬場を建設し、ドバイ・ワールドカップを創設したのもこの人である。

ドーヴィルシーズンで、かの避暑地の最高級ホテルを何十室も、夏中キープしてあるそうである。しかし実際に部屋を使うのは、ほんの二、三日。しかも数室のみとのこと。なんて贅沢。それもそのはず、ファミリーの頭数が多いから、もしも家族で競馬を見ようなんて気を起こしたら、宿泊に困ってしまうわけだ。お子さんだけで十八人、ほかに兄弟たちとその家族……。まさかみんなでキャンプをするわけにもいくまいし。

もうおひとり、フランスの競馬界で忘れてならないアラブのプリンスは、サウジアラビアのカリド・アブドゥラ殿下。王族の親族で称号はプリンスなのだが、本人は称号なしで呼んでほしいと公言していて、気さくな方のようである。**レイルリンク**のオーナー。種牡馬牧場をイギリスとアメリカにかまえ、**ダンシリ**（**レイルリンク**の父）や**ザミンダー**（**ザルカヴァ**の父）など、最強馬たちの子供を次々に送り出している。

九〇年代以降、アラブのプリンスたちは強い馬主としてだけでなく、別の役柄でも活躍するようになる。出資者として舞台に立つようになったのだ。彼らの後援のおかげでフランス競馬にはさらに一層の箔がつくことになった。

アラブ首長国連邦は数年にわたりジョッキークラブ賞の協賛をつとめたし、マクトゥム家の〈ダーレー〉と〈シャドウェル〉という馬産事業はドーヴィルシーズンで重賞レースのスポンサーをしている。アブドゥラ殿下のジュドモント・ファームはパリ大賞典のスポンサーである。

でも、そうやって彼らがスポンサーとなったレースに勝つのは、やっぱり彼らなのである。アラブのプリンスたちは、自ら賞金を提供してフランスの競馬界を盛り上げ、自ら優勝をさらって冠をかぶる。何か、腑に落ちない気もするけれど……、でも、そんなことは今に始まったことではないのだ。ルイ十六世の「王の賞」を思い起こせば納得する。王様が賞を出し、勝つのはやっぱりプリンスたちだった。

二〇〇八年からは、カタール国の競馬会が凱旋門賞のスポンサーに名乗りを上げ、賞金総額はそれまでの二百万ユーロから、一気に倍額の四百万ユーロ（約五億七千万円）へと上昇した。そしてその同日に、「アラブ馬による凱旋門賞」カタール・アラビアン・ワールドカップをロンシャン競馬場で開催させるに至った。

このワールドカップ優勝者も、やっぱりカタールの首長一族であるサーニー家なのだった。

ならず者ジョッキー　スミヨン騎手

まあなんてエレガントな……、と思うのは、外から見ているからであって、騎手たちの内情は大変なもののようだ。調教師たちも、みな神経質で気難しそう。派閥争いや駆け引きという点では、おフランスの競馬界はやっぱり貴族制時代の宮廷に似ているかもしれない。

そこへ、外国から野心高く乗り込んできたのは、剛直不屈の精神の持ち主、スミヨン騎手だった。

ベルギー人の彼は、父親がやはりジョッキーだった。この父は病的なまでに激しい気性で、喧嘩っ早くて、しかもギャンブラーだったらしい。今では現役は引退している。

その長男のクリストフ・スミヨン。**ザルカヴァ**の全てのレースに騎乗していたスミヨン。ＰＭＵカフェのあのアフリカ人オバサンの「ベイビー」だ。「ベイビー」は言葉の綾でなく、スミヨン騎手のルックスは本当にかわいらしい。子供か女の子のような顔立ちをしている。そのうえ感情むき出しで、一位入線時のアピールの派手なこと。女性ファンは多い。しかし、その目立つ外見のせいで、芯に持っているそら恐ろしい根性を知ったときの驚きはえらいことだ。

アガ・カン殿下の主戦騎手となった二〇〇二年からは、三度フランスのリーディングジョッキー（年間勝利数が最多の騎手）の座を占め、その他の年も三位までに入っていた。それが、二〇〇九年の夏のこと、失言が原因でアガ・カンとの契約に年内をもって終止符を打つことになってしまった。思ったことを何でも口に出してしまうのだ。おフランスの宮廷では、とても許されたものではない。

本人、悪気はないのだろう。ただ目立ちすぎなのがたたっているのだろう。だが、業界の人間からすれば、何かにつけて態度がでかすぎる。いくつかのトラブルが大事に至り、いつしか「ならず者」のレッテルを貼られてしまった。たしかに、年間勝利数が最多かもしれないが、騎乗停止や罰金の回数も最多だったのだ。

でも、妻子を持つようになってからは、心を入れ替えたのである。だがそれでも、夏の社交場で、気を抜いたとたん悪い癖が出てしまったのである。

そして「泣きっ面にハチ」というのはこのことで、失言事件から二週間後、今度は落馬で全治二ヶ月以上という怪我を負ってしまった。凱旋門賞まであと三週間という時だった。アガ・カンの馬に乗れる最後の凱旋門賞だったのに。**ザルカヴァ**と**ダラカニ**、双方自分が騎乗して優勝を飾ったアガ・カン厩舎。

スミヨンにとっては、凱旋門賞の**ベエシュタム**よりも、同日のマルセル・ブサック賞（G1）に出走予定の**ロザナラ**に乗れないことのほうが悔やまれた。

ところが、である。ベルギー人の底力をあなどってはいけない。

凱旋門賞の日、スミヨンは念願の**ロザナラ**でマルセル・ブサック賞を走り、一着入賞を果たしたのである。その二日前、今度はルメール騎手が落馬により出場できなくなり、急遽、騎乗を申し出たのだった。本人にとっても突然のことで、一晩で三キロ減量したそうだ。

あと一ヶ月はリハビリ中のはずだったから、誰しも開いた口がふさがらなかった。自分の代理となっていたルメールから、根性で騎乗を取り返したのだ。しかも優勝とは、なんとまあ派手な復帰のしかた。

でも、**ロザナラ**の背で見事ゴールを切った時の様子は、あまり好調ではなさそうだった。普段なら、腕を振り回してファンに喜びをアピールするところだ。やはり復帰には早すぎたのだろうか。

直後の勝者インタビューで、感動のあまり泣いていたのだと分かった。アガ・カン馬で重賞レースに勝てるのもこれが最後と思ったらしい。そして、どんな時も意地を張りとおした父親に自分を重ねて、熱いものがこみ上げてしまったらしい。

ならず者ジョッキーの資質は、父親から受け継いだものだ。父のあの剛直な意地がなくて、才能だけで頂点まで登りつめることができただろうか。

スミヨンは、ずっと黙って同じ君主に仕えているような騎士ではない。一時もじっとしていられない、反骨の騎士だ。宮廷作法はやけに窮屈だと思っているにちがいない。

聖なる怪物　ファーブル調教師

あれはドーヴィル競馬場だった。不思議な微笑をたたえた小柄な男が、双眼鏡を片手に別棟の小スタンド席へと、孤独に歩いていた。なにか、常人とは違うオーラを発している。

超大物調教師、アンドレ・ファーブルだ。噂どおりの、まるでモナリザの微笑み。いや笑ってはいないのかもしれない。バカンス中の海辺の競馬場には不釣合いなほど、冷静すぎるその姿。階段席のずっと上までゆっくりと登っていくと、そこで振り返り、双眼鏡をのぞいた。いったい彼には何が、どんな風に見えているのだろう。

二十年以上にわたってフランス競馬のトップの座を守り、凱旋門賞は七度優勝を果たした調教師。おそらくは世界一強い調教師。彼が「聖なる怪物」と呼ばれるようになってから、もう久しい。聖なる、と言われれば、なるほど本当にどこか地上の人間ではないような雰囲気さえ醸し出している。

競馬界の人間は彼をそれこそ神のように畏れている。調教師がいくら神経質とはいえ、秘蔵っ子が勝ったり負けたりするたびに狂喜したり激怒したりする人間的な人物が多い中、こんな存在は特殊である。彼は人を寄せ付けないのだ。

外交官の息子として生まれたファーブルは、自分もその道を歩むつもりで勉学に励んでいた。根っからのエリート。それが馬への情熱から障害競走の騎手としてデビューするのだが、そこでもエリートであることに変わりはなかった。一九七七年にパリ大障害で優勝する。

所属する厩舎の調教師の跡を継ぐような形で自分でも調教を始めると、成功は早かった。すぐに一流どころのオーナーブリーダーたちが信頼を寄せるようになり、以来、重賞レースの優勝はとどまるところを知らない。

いったい秘訣は何なのか。周囲の人は彼のことを完璧主義者だと言う。どんな細部もなおざりにしない。馬は最高のコンディションでレースに臨ませるのが調教師の仕事で、それを徹底的にこなしているのだと。秘訣はない、ただそれだけだと言う。

他にすることはない。競馬ファンとのコミュニケーションなんて、彼にとってはこの世の何よりありえない。新聞、雑誌、テレビにも一切ノーコメント。だから情報を伝える役目のジャーナリストも、情報の欲しい競馬ファンも、いつも業を煮やしている。たまに、イギリスのメディアだけにはコメントを許すのだが、このやり方がよけいに憤怒を募らせる。

でも、みんな分かっているのだ。ファーブルの出走馬についてのコメントを聞く必要はないのだということを。レースに臨む馬のコンディションは最高で、出走の狙いは優勝であるということは、自明なのである。ファーブルのコメントは「馬が代わりに語る」というのが通説になっている。

たぶん、人は出走馬のコンディションよりも、ファーブルという神秘的な男のなんたるかを知りたいのだ。彼の馬との関係はどんなものなのか。どんな秘密を握っているのか。

VIPたちの集まる場所からひとり外れて、こうして別棟の小スタンドで孤独に行動するのが、ミステリアスな怪物によく似合っている。

そんな男のもとへ、まだデビューして間もない頃にスカウトされて所属したスミヨン騎手が、早朝調教で遅刻魔をやらかすのだ。こんなことができるのも、逆にスミヨンもある種の怪物なのかもしれない。

二人の仲は二ヶ月で終わり、それ以来、どうもしっくり行かないようだ。

メディアに対して過ぎるほどに愛想の良いところも、スミヨンはファーブルの対極にいる。馬が代わって話をするのがファーブルなら、スミヨンは文字通り、馬の代わりに話をする。体調から潜在能力から、何から何まで、競馬ファンに詳しく語ってくれる。

対抗プリンスはユダヤのダンディ？

大厩舎の君主たちは、本人の思惑など関係なしにいつでもメディアを騒がせる。なにしろセレブリテなのだから。

二〇〇八年二月十九日のパリ・チュルフ紙は、ショックなニュースを伝えていた。

《アレック・ウィルデンシュタイン逝く》

その父、ダニエル・ウィルデンシュタインが亡くなってから、七年しか経っていなかった。あの偉大な厩舎はいったいどうなってしまうのだろう。平地、障害、トロットの三部門に参加し、三部門で最高賞に輝くという栄光を勝ち取った、史上唯一の厩舎なのである。

ダニエルの後は、アレックとその弟のギ（という名前です）が連名で厩舎を営んでいることになってはいたが、アメリカ生まれのギはアメリカに住んでいて、競馬には関心がないという噂である。アレックの子供たちも、父親の趣味を続けるような気配はなさそうなのだ。

ウィルデンシュタインでよく覚えていることがある。

二〇〇六年のパリ大賞典。何か馬券を買おうと思って、ひらめいたのだ。どれかフランスの馬を買ってみよう。それだけひらめいたのだ。

パリ大賞典は、その創立当時、イギリスにやられてなるものかと誰もが躍起になったレースだ。

小説家ゾラが描いた『ナナ』の世界でもそうだった。私もフランスに居住しているのだから、にわか愛国者にでもなってみよう、と。

この際、問題は調教国や馬主の国ではなく、馬の出身国（産地）、ということにした。プログラムですぐに分かるので、簡単で良い。

出馬表を見てみると、十頭の出走馬のうち、なんと五頭がアイルランド出身、三頭がイギリス出身だった。残る二頭のうちの一頭も、「準フランス馬」になっている。「純フランス馬」は一頭しかいない。ではどうしようかとオッズを見てみると、「純フランス馬」はなんとも人気がなくて大穴だった。そこで決まり。中穴「準フランス馬」のほうを、複勝だけ買ってみた。

「準フランス馬」というのは、認定されるには細かい規則があるが、大まかには、たとえばフランスで生まれた直後に母馬の一時国外滞在について行ったとか、妊娠後の一時国外滞在中に生まれた馬などのことである。出馬表で、外国産馬は国名の略語が馬名の横に並べて書いてあるが、その略国名が括弧の中に書かれていれば、それは「準フランス馬」である。「純フランス馬」は、馬名だけで、横に略国名は書かれない。

結果はこうだった。スミヨン騎手の乗る大本命イギリス産馬**レイルリンク**が一着。デットーリ騎手のアイルランド産馬**レッドロックス**が二着。そして……チュリエ騎手の乗る私の準フランス産馬**スダン**が、三着にゴール！

嬉しい驚き。それで後から気がついたのだが、私が買ったのは、ウィルデンシュタイン厩舎の馬だったのだ。**スダン**の父はあの**パントルセレブル**だった。まぐれ当たりにしても、ウィルデンシュタインの馬を避けては通れないことになっているのだ！

ウィルデンシュタイン家は、ユダヤ系の画商の名門である。競馬熱は、ダニエルのさらに祖父にあたるナタンの時に始まった。一八九八年に厩舎を構える。

その厩舎に国際的名声を与えることになったダニエルは、画商というよりも、どこか生真面目な銀行員といった感じの風貌だった。髪をきっちり撫でつけて、地味な背広とネクタイに、黒縁メガネ。それが息子アレックもまったく同じで、容貌や立ち居振る舞いに加えて、ファッションセンスまで遺伝したよう。見るからに、冗談の通じなさそうな、堅物っぽい雰囲気だった。

この方たち、じつはアガ・カン殿下やプリンセス・ザラとは正反対で、とても無表情なのである。勝っても笑わず、負けても泣かず、特にダニエルは、馬主やジャーナリストの集いの場で、「あの人を笑わせることができたらいくら」という賭けの材料にもなっていたということだ。でも、堅物というよりは、謙虚で控えめ、という評判のようだった。

しかし、画商としての領分では、欲しいと思った作品にはいくらでも金をつんで是が非でも手に入れるという、無情なまでの仕事ぶりだった。そうやって大コレクションを形成し、カタログの編纂と美術史の研究大成を事業として営んだのだ。

美術品を愛したウィルデンシュタイン一族は、その美術品の取り引きとはまったく別な取り組み方で、競馬を愛した。馬は、商品としてではなく、純粋に情熱のみで愛したのだ。「まったく別な取り組み」とは言え、美しいものが好きだという気持ちには変わりはない。美しい馬が好きだという人は、たいてい美術品の愛好家でもある。

アレックには再婚した若い奥さんがいた。少なく見積っても三十は年下ではないかと思う。元気な頃の凱旋門賞の日の写真には、お人形のような美女の隣に黒縁メガネのアレックが笑顔で写っている。堅物？　誰がそんなこと言ったのだろう。

ダニエルもアレックも、あれでけっこう遊び気あふれるダンディだったのだ。彼らのつけた馬の名前に、ハッとすることがある。画商が、自分で生み出した馬に、**パントルセレブル**（有名画家）などという名前をつけるのだ。これは、馬たちを自分の芸術作品だとみなしている証拠ではないだろうか。

ウィルデンシュタインの馬がみな、絵に関する名前を持つわけではないけれど、芸術界に関わりを持った馬は、この強力な画商に後押しされて、必ずや出世するに違いないという気がしてくる。

ほかにはたとえばこんな名前がある。

パンチュールブルー（青い絵、または青い絵の具）：一九八七年生、**パントルセレブル**の母。
アクアレリスト（水彩画家）：一九九八年生、ディアヌ賞一着、凱旋門賞二着。

ポワンティイスト（点描画家）：二〇〇三生、母は**パンチュールブルー**。
アクアレルラール（稀なる水彩画）：二〇〇五年生、母は**アクアレリスト**。
パンチュールアプストレ（抽象画）：二〇〇六生、父は**パントルセレブル**。
パンチュールラール（稀なる絵）：二〇〇六生、母は**パンチュールブルー**。

画家の名前そのものを名乗る馬もいた。**レオナルドダヴィンチ**、**クロードモネ**、**ピカソ**、**スーラ**、**スタンラン**など。

いろいろな思い入れ、背負わせて走らせたい夢があったのだろうな、と想像する。

ロンシャンで春のシーズンが幕を上げる頃、主人を失った大厩舎の今後の方針も明らかになった。アメリカのギが兄の後を引継ぎ、新たに出発することが決まった。

ユダヤ系の事業家で、ほかにも大きな厩舎を営む人たちがいる。ウェルテメール兄弟と呼ばれるアランとジェラールは、シャネルやブルジョワなど、世界的に有名ないくつものブランドの持ち主である。ということはフランス屈指の大富豪であり、メディアの目や多額の税金を逃れるためにスイスに居住している。メディアの目を逃れたいとはいえ、競馬界での注目はもう必然である。

ウェルテメール兄弟の祖父、ピエール・ウェルテメールが、一九一九年に競走馬の育成を始めたのがきっかけだった。凱旋門賞創立が一九二〇年で、この前後に厩舎を起こすケースが相次いでいる。その五年後、ピエールはココ・シャネルと香水〈NO.5〉の販売契約を結ぶ。ピエールも、ポールという兄と一緒に事業をしていたが、孫の世代になってもウェルテメールは「ウェルテメール兄弟」なのである。一族の遺伝子に入っているのかもしれない。

二〇〇八年と〇九年、アメリカに遠征して、マイル戦（一六〇〇m競走）の最高峰であるブリーダーズカップ・マイルを連覇し、世界の女王となった名牝馬**ゴルディコヴァ**は、彼らの愛娘である。


ロトシルト（ロスチャイルドのフランス語読み）家も挙げておこう。世界の金融界に君臨するこの一族は、フランス競馬界とはジョッキークラブができた当初からの、長く深い関係である。現在エドゥアール・ド・ロトシルト男爵は、競馬協会フランス・ガロの会長を務めている。ダンディの鑑であったセイムール卿が初代を務めた会長役。現エドゥアールの祖父ギは、その役の候補に挙がりながら就任することがかなわなかった。それから三十年後に孫が就く。

このお方はオーナーブリーダーであるほか、エレガントに馬を乗りこなす一流のジェントルマンライダーでもあるという、セイムール卿に匹敵するダンディであり、会長適任者である。

ジョッキークラブと競馬協会

なぜプリンスもダンディも、こんなに競馬を愛したのだろう。

彼ら競馬愛好家の集まりである、ジョッキークラブと競馬協会に、何か手がかりがあるかもしれない。まずはそれら二つの組織の関係を見てみよう。

イギリスのシステムに比べたいのだが、これが一九九〇年代から変わってしまったので、少し話が込み入る。それまではイギリス競馬に関する全ての業務を英ジョッキークラブが統括していたが、今では業務は競馬公社が担うようになった。

旧英ジョッキークラブの役目を果たしていたのが、フランスでは初めから競馬協会(奨励会)だった。だから、ほぼ同時期に創立しているクラブのほうは、本当に「クラブ」だけの機能で、その当初は競馬協会のメンバーを中心にしたサロンというか、娯楽サークルのようなものだった。会員は、競馬協会に資金を提供するパトロンであり、自分たちも馬を持ち、レースに参加した。

長い歴史の中で、重い伝統にどっぷり浸っていながら(いるからこそ)、そこから出たいという、行き場のないパワーのようなもの、それを、この娯楽サークルが吸収したのだ。仏ジョッキークラブのメンバーは、創立当時はみんな若かった。若く、見境なく、金勘定に鷹揚だった。馬鹿騒ぎが好きで、怖いもの知らずで、出世欲が強く、そして馬術をたしなむ人がほとんどだった。

ほどなくこのクラブは社交界の中心的存在となり、長年にわたり上流階級の精鋭たちを集めることになった。

が、仏ジョッキークラブももう百八十歳を迎えようとしている。その間に会員となれる条件は大幅に変わってさらに厳しくなり、今ではとても閉鎖的な貴族クラブのようになっているそうである。平均年齢もぐっと上がって六十歳。「貴族クラブ（協会）」というのは本当に存在するが、その団体の付属機関のような存在が、今のジョッキークラブであるらしい。

たとえば、庶民出身の人が成功して世界一の富豪になり、サラブレッドを千頭買って凱旋門賞に優勝をしたとする。それでも、今ではジョッキークラブには入れないのである。生まれが、貴族出身でないと、問題外だというのである！

だから、フランスの大馬主であっても、ジョッキークラブの会員ではない人はたくさんいる。競馬協会が大きくなって自立して、パトロンとの関係が変化したということである。仏ジョッキークラブの今のモットーは、名誉と伝統継承ということに集約しているのである。

どうして競馬協会とジョッキークラブと、二つあるのだろうと思っていたら、そういうことだったのだ。実践面を合理的に競馬協会が担い、名誉伝統は狭き門のジョッキークラブが怖い顔して見張っている。これは、じつはとてもフランス的なことかもしれない。

今ではジョッキークラブは〈ジョッキークラブ賞〉の形式上のパトロンであることにとどまっているのだが、そのほか、「こんなすごいクラブが競馬界にはついている（いた）のだよ」という看板の役を負っているのだ。歴史の中のプリンスやダンディと、現在の競馬界とをつなぐ絆が、ジョッキークラブなのである。

このクラブの会員であるかないかは、よって、現代では、馬主としての地位や実力と重大な関係があるわけではない。それよりも、馬主たちに共通する重要事は、名誉とエレガンスを尊ぶこと。その実践として競馬を楽しむことなのである。

彼らの娯楽であり、名誉の委任勝負である競馬。普段の義務と責任の世界から解放されるための、自由への鍵でもある競馬。馬の改良が目的だとか、地域への貢献だとか、ゴタクを並べてみても、つまるところはスポーツ、娯楽なのである。たしかに、国策としての馬産が口実となったのは、競馬にとっては最良の発展の原動力だった。そして、趣味を国家的口実のもとに実行できたのは、馬主たちが国政への影響力を持っていたからだ。

でも内心では遊びであるから、純粋でもある。競馬をスポーツとして愛した彼らは、純粋だけれど少し変わっていて、時にへそ曲がりで、ひねくれ者である。

十八世紀以降、フレンチターフを築いてきたのはそんな情熱家たちだった。

いよいよ次の章から歴史の探訪を始めるのだが、まずはここで当時の世相を下調べしておこう。イギリスで新しい馬種を開発しようという考えが起こったのが、十二世紀頃のことだった。そのあたりのヨーロッパは、一部の由緒正しい血族の人間がその他大勢を支配するという時代。貴族たちが「どこぞの馬の骨」たちの上に立っていた。

それからしばらくして、サラブレッド三大始祖がイギリスにそろうのが一七三〇年。このあたりにまでくると、貴族という地位がイギリスとフランスでだいぶ違っている。ここは大事である。フランスはまだ大革命前で、特権をふりかざして贅沢三昧に「遊ぶ貴族」というイメージだが、名誉革命が起こった後のイギリスでは、政治的に義務と責任を負って「働く貴族」というイメージに誇りを感じている。

この違いから、イギリスでは何よりも「速さ」を、フランスではむしろ「エリートのシンボル」を、サラブレッドに求めることになったのではないかと思うのだ。競馬史の初期、イギリスは経済的な損得のために汗水流して取りくんだのに対し、フランスは扇子を振りながらファッションで楽しんだ。フランスの貴族はお高くとまっていた。英仏のすれちがい、ウマの合わなさというのは、根深いものなのである。

フランスで大革命が起こった後、貴族の特権が廃止されたが、いつの間にか何かが物足りなくなっていた。エリート階級というのはどうやっても出てくるわけで、一般民衆とは一線を画した立場がやっぱり必要になるのだ。そこで何かと大義名分をつけては、特権を作り出した。ナポレオンは帝国貴族を考え出した。ブルジョワはクラブを引っぱり出した。クラブに所属するというのは、もうその頃から、貴族の称号を授かるのと同じような価値があったのだ。だから次第に入会の規制が厳しくなりもした。

フランスの民衆は、国を共和制にして特権をなくしたかったのではない。特権を、王侯貴族の手から、自分たちにも手の届くところに置きたかったのだ。

サラブレッドは、由緒正しい血統を持つ、馬の中の貴族である。王侯貴族は自分たちにふさわしい馬だと思った。そして新しく特権者となった人たちも、結局は「他から抜きん出る特別な馬」を自分たちの身分のシンボルとしたがった。

プリンスもダンディも、特権的な立場にこだわるというのは、また名誉や栄光といったものに弱いということでもある。フランスのエリートたちにとって、これらを得ることは、ときには命を賭けてしまうかもしれないくらい、重要なことなのだ。

「人生は賭けだ」と言うけれど、一度きりの人生には賭けられないものも、馬には賭けられる。平民に生まれて高尚な血をうらやんだ者もいた。貴族に生まれても出世の道のない者もいた。そういった者でも、純潔の血（＝サラブレッド）を作り、名誉を賭け、栄光を掴むことができた。それは「人生の縮図ゲーム」であり、その馬は、自分自身の分身なのだ。

今も昔も、プリンスとダンディの愛するサラブレッドは、まさに高貴な彼らの分身なのだ。彼らはその馬に自分の見果てぬ夢を乗せ、栄光に向かって走らせるのだ。

Ⅱ

フランス競馬の生い立ち

フランス競馬における
最初の大馬主アルトワ伯

宿敵アルトワ伯とともに
フランス競馬を担うシャ
ルトル公（オルレアン公）

愛馬マレンゴにまたがるナポレオン１世

フランス競馬の父、セイムール卿

第三章

プリンスたちの挑戦状

お姫様は競馬がお好き

さあ、各馬いっせいにスタート！

出走馬が走り出すのと同時に、コースの外側でも内側でも、馬に乗った貴族たちがいっせいに走り出す。彼らはレースに出ているわけではない。展開を見守るために、付き添って走っているのだ。騎手の勝負服とは違う瀟洒ないでたちの貴公子らが、勇ましく馬を駆る。

高貴な口々から声援と野次が飛び交う。砂埃がもうもうと舞いあがる。

VIP席におさまっているマリー＝アントワネットやそのとり巻きの方々には、もう何がなんだか、レース展開など分からない。何十人もの騎士たちが入り乱れてめまぐるしく、あれよあれよと追いかけっこしていく。

目を見はっているうちに、数分が経過して、どうやら終ったらしい。

VIP席では自分の賭けていた馬が勝ったのかどうか、それさえも定かでないが祝いの歓声があがる。

有象無象の観衆にとっては、レースの始まりも終りも分からない。それでも良いのだ。この日の目的は、ヴェルサイユからやってくる華々しい一行を眺めることでもあるのだから。

一七七五年三月九日。フランスのニューマーケットと呼ばれたサブロンという平野で、イギリス産の競走馬を使ってのはじめての公式競馬が行われた。

サブロンはパリの西側、ブーローニュの森の近く。ここで、今を遡ること二百五十年前、競走でも馬術でも、賭け事の好きな若い貴族たちが仲間内で集まって、腕くらべをしていた。ヴェルサイユからは少し離れているが、パリへ来る時に通る道沿いにある馬場である。

宮廷を大々的に迎えての公式イベントなので、えらい前騒動だった。ルイ十五世の喪が明けたところで、若い王の時代になって、若者たちが羽目をはずしたくてうずうずしていた。年老いた王が存命のうちには、何をするにもいちいち許可を取らないといけなかったのだ。

マリー＝アントワネット、十九歳の若い新王妃は大喜び。旦那様であるルイ十六世は、「すべてそなたの望むように」と宣言してくれている。

が、競馬についてはちょっと話がちがった。この二十歳の王様は、もともと騒々しい遊びごと一般に興味がないのだが、競馬や賭け事ときては輪をかけて大嫌いだったと言ってもいい。

今回のイベントも自分は参列するつもりもない。「王がいらした」いう金看板を競馬に与えるわけにはいかないし、王妃を行かせるのも納得できないのだが、楽しい催し物なら何でも大好きな妻は、じっとしていられるわけがない。王妃になったというのに「お姫様」から抜けきらないどころか、どんどん特権を利用していくのだから。

サブロンの町の責任者は、今回は王妃が観戦に来られるというので、いそいそと立派な見物席を建設させていた。それまでにも、話題の催しがある日には、ものすごい人だかりができて混乱が生じていたのだ。貴族は馬車で来てコースの近くに停めて観戦する。車を降りずに中から、あるいは無蓋の座席に立って見る。馬車よりも身軽に、乗馬でやってくる伊達者も多い。それに加えて、その他大勢の徒歩の人々。これらを勘定すると、コースの周囲に千頭を越える馬がひしめき、それを超える数の人間が右往左往していることになる。

スタンド席はあったほうが良いだろう。これから催し物も増えることだろうし。しかし、サブロンの責任者に国王からのお達しが来る。せっかく造った王室用の見物席を取り壊すようにとの命令だった。責任者は、しぶしぶ立派なスタンドのほうは諦めて、それまでの通例に従ってＶＩＰ用の即席小屋を建てさせた。木造の枠組みに布を張っただけの粗末なものだが、二階の高い位置から観戦できる。

そうして王妃も民衆も一様に待ちに待った当日。

まだまだ新緑には間があって、散策にはちょっと寒い。が、ウイーン生まれの王妃は寒さに強いのだ。宮廷の他の方々も、一人を除いて勢揃いしている。優雅な彼らが繰り出しただけで、サブロンにはもう春の花々が咲き乱れるかのよう。界隈の住民も一人残らずやってきたのに違いない、めったにない人出だ。

整えた地面に、杭を立ててコースが示されている。杭だけでは野次馬が入り込んでしまうので、ところどころ騎馬兵が配置されて警備にあたっている。人々の連れてくる犬がまた厄介で、これをコースから追い払うのも彼らの役目だ。

出走する馬のオーナーは、貴族の子息たち。自分たちの時代となった、エネルギーあり余る若いプリンスたちだ。彼らが自慢の馬の中から選り抜きを走らせる。騎手は、馬丁の中から腕の立つ者を選んで務めさせる。

貴族の中にはイギリス競馬に詳しい者も何人かいるので、規定も心得ている。騎手には勝負服を着せ、体重を量ることも忘れていない。厩舎をこれまた即席で用意してあり、そこで証人を立てて計量ができる。そこではまた、同じく証人を立てて、大金も賭けられる。

どんどん熱が上がって活気が出てくる。王子も馬丁もここでは身分の差がなくなっている。自分の馬を出すプリンスたちがＶＩＰ用の小屋におさまっているはずもないし、馬車で来ているはずもない。彼ら自身、優れた乗り手であるという凛々しい姿を見せるために、乗馬で来ているのだ。馬で来ることは、レース展開を見るためにも必要なのである。

この日の結果は、大方の予想どおり、ローザン公爵の優勝に終わった。ローザン公の勝利は偶然ではない。生涯、女性と馬を愛してやまなかったこの男は、すでにイギリスで馬主として競馬界に加わっていたのだ。手ほどきをしたのはバンバリー卿だった。

バンバリー卿は、エプソムダービーの名称を決める時に、ダービー卿とともにどちらの名前をつけるかという問題をひき起こしたくらいの、競馬界の第一人者だった。コインを投げて出た面がたまたまダービー卿の名前を推すほうの面だった、という話だが、もし反対面が出ていたら、現在世界中で行われている〈ダービー〉と名のつくレースはすべて〈バンバリー〉になっていたことになる。

そのくらいの人物と交友関係にあったローザン公が、素人のようなフランスの競馬人たちの中で負けるわけがない。同月のうちにさらに何日かサブロンでレースがあり、秋になってまた十月に開催されたが、ローザン公の右に出る者はなかった。

アントワネットは胸ときめかせてこれらのレースを見ていた。負け知らずのローザン公に祝いを述べ、敗者たちには慰めの言葉をかけ、勝利騎手もそばへお呼びになって声をかけた。

アントワネット自身、たしなみ以上に馬術はよく心得ていた。スポーツなど、体を動かす活動は（特にダンスだが）、けっこういけるお転婆なお姫様だったのだ。

「わたしも競走馬を持ちたい！　レースに出走させたい！」

と思うようになるのも、ごく自然のなりゆきだった。以後しばらくの間は、競馬には必ず王妃が参列するようになり、競馬の口実のひとつは王妃を楽しませるため、となる。

王妃の願いによってレースが増えるとなれば、若い貴族たちには気合が入る。それまでイギリスでしか走らせることのなかったローザン公も、馬をフランスに運ばせる動機ができた。彼はサブロンに近い所に厩舎を置いて、家を買って引越しまでしてしまった。

ほかの貴族も次回のレースに向けて準備をしていた。シャルトル公もサブロン近くに馬を置いてあったし、イギリス人の友人を通して速い馬を見たててもらった。アルトワ伯も負けてはいられない。フランス随一の競走馬の輸入・生産業者に相談して、得意客となった。

こうしてイギリス競走馬の輸入に勢いがかかり、史上はじめて、まとまった数の競走馬がフランスにそろうことになる。それらの馬はやがて種馬としてフランスに血を残し、生産のほうも系統だってくる、……という展開がスムーズになされれば話は早いが、歴史はそううまくお膳立てはしてくれないのだ。

姫のほうも入れ込んでいる。外出のコースに競馬場は欠かせなくなった。

ある日の彼女の行程をたどってみると、夜、ヴェルサイユ宮殿からパリまで舞踏会のために出かけ、朝の五時半に帰途につき、六時半に宮殿に戻り、昼前十時にまたお出かけになるというハードスケジュールをこなしている。昼はサブロンで競馬があるのだ。

アントワネットには監視役が付いていた。実家の母親マリア＝テレジアによって、オーストリアから派遣された大使である。この人が、姫は何時に出かけてどこで何をして何時に戻ってきた、と、報告というのか告げ口というのか、とにかく手紙にこと細かに書きとめている。健康が気にかかってくるぐらいの、夜遊びに加えての昼遊びなのである。

当時の公式な記録に残っているもののほかにも、この人の手紙によると、ずいぶん頻繁にサブロンでの競馬は行われていたということだ。一七七六年の四月頃には一週間のうちに何日も開催されていて、王妃はただの一日も休まずに全部見に行ったのだそうだ。

ということは、大使もそれの監視のために、ただの一日も休めずに、全部見に行かなければならなかったのだ……。

馬がなければロバを使えば

王家の方々には、常にヴェルサイユ宮殿で過ごすなどという退屈なことはできっこない。毎年十月上旬からフォンテーヌブローのお城へと出かけ、数週間を過ごすのが恒例の宮廷行事になっていた。

フォンテーヌブローの城は、距離にしてパリから約五十キロ、ヴェルサイユからは約六十キロの所にあり、あたりには狩猟に適した美しい森が広がっている。代々の王様は毎年この季節に宮廷をまるごとここに移動してきた。

王侯貴族の面々は、昼間は森の中で鹿や猪を追い、夜は城でスペクタクルに舞踏会、その合間に噂話やさまざまな駆け引き、それにもちろんカードやその他の賭け事にいそしんだ。

狩猟民族の血が、この季節には騒ぐのにちがいない。ほかの季節に増して、野性の血が目覚める。

アントワネットも、ヴェルサイユよりも羽を伸ばせる雰囲気のこちら、フォンテーヌブロー滞在を大いに楽しんでいた。パリの喧騒は遠くとも、ほかの娯楽には事欠かない。秋の表情に富んだ森と狩りの雰囲気は、胸を騒がせ血を躍らせる。

サブロンで秋の競馬シーズンを始めたところでこちらへ移動してきて、さてレースが催されないわけがない。

フォンテーヌブローの森の外れ、セーヌ川が迂回する輪の中の平地に、馬場が整備された。ヒースの生い茂る荒れ地だったところに、一周約一〇〇〇ｍの周回コースが造られ、城からの道も開かれた。

何よりも王妃が喜んだのは、観戦のための自分用の建物を建ててもらえたことだった。サブロンでは粗末な即席小屋で我慢しなくてはならなかったのが、こちらはしっかりした木造二階建てで、上階には回廊も付いていた。

そこをちょっとしたサロンのように利用して、とり巻き連中とドンチャン騒ぎをしたのだった。賭けもここで居ながらにしてできる。勝ったの、負けたのと、とても宮廷とは思えないような行儀の悪さで若者たちがたむろして、特に一番年の若いアルトワ伯は騒々しかった。じつは、コースや城からの道を整備させたのはこのアルトワ伯だった。はりきった彼が、自分の家計から費用を捻出して、レース開催のために準備をしたのだった。

ここにももちろん、あの監視役のオーストリア大使は来ている。どんなにアントワネットが羽目を外していたものか、彼の手紙を読んでみるのが分かりやすい。宛先は言わずもがな、オーストリア女帝マリア＝テレジアである。

馬の競走は、まったくけしからぬ事態のきっかけとなりました。王妃の参列されるご様子には、はっきりと申しまして、慎みがございません。私は馬で観戦に赴きましたので、王妃の建物に距離をおいて、人ごみに紛れているよう気を配りました。建物には若者たちが誰彼となく長靴で入りこんで、王妃を囲んでいるのです。その夜、私と会いました王妃は、いつもの駆け引きのようなご調子で、レースの時どうして建物に入らなかったのかとお訊ねになりました。私は、周りにいた粗忽者たちにも聞こえるよう大きな声で、あの時は長靴を履いて乗馬服を着ておりましたから、そのようないでたちで王妃様の前へ出ても良いと思えるようにはけしてなれませぬので、とお答えしました。王妃は微笑んでおられましたが、罪ある者たちは不服そうに私を睨んでおりました。(一七七六年十二月二十八日付)

「粗忽者」には、あのアルトワ伯も含まれている。乗馬用ブーツなぞで王妃の前に出ては、お行儀が悪いのだ。身分プラス礼儀作法、これらがなっていなくては、格調高い宮廷人とはいえないのだ。そういう風紀を乱す習慣をのさばらせておくのは、王妃自身の品位が下がるというもの。大使の嘆きはこれでは終らない。

次のレースの機会には、私は馬車で参り、正装しておりました。建物へ入りました。大きなテーブルに食べ物が山と積んでございます。それはまるで、ふしだらな若者グループが略奪品を広げているようで、おしあいへしあいの大騒ぎの中、交わす声も届かぬほど。その真ん中にいらっしゃるのが、王妃、王弟妃殿下、アルトワ伯爵夫人、エリザベート夫人、王弟殿下、そしてアルトワ伯爵でございました。アルトワ伯爵にいたっては、上へ下へと走り回り、賭け勝負をなさり、負ければひどい憤慨をお見せになり、勝てば手放しの大喜び。民衆の中へ飛び込まれて、ご自身の騎手を激励なさるのですが、勝った騎手を王妃にまで紹介するありさまでございます。このような景観に、私は胸の締め付けられんばかりの思いでした。

（同日付）

この大使は、とてもまめに姫の様子をうかがって、幾度にもわたって悲嘆を訴える手紙を書いているので、だんだん本当に気の毒になってくる。王妃になってから二年そこそこで、民衆の評判は下がる一方だったので、お付きの者としてはさぞかし気を揉んでいたことだろう。

しかし、とり巻き連中がいくら下品な振る舞いをしても、大使の目に映る王妃自身の崇高な輝きには、少しも曇りがなかったのだそうである。はしゃぐといっても、崇高なオーラを発しながら上品にはしゃぐことのできる、類稀なる素質を備えた女性だったのだ。

評判が良かろうが悪かろうが、お姫様が一喜一憂しながら競馬観戦に興じるさまは、それ自体が見ておもしろいスペクタクルだ。王妃の参列があるからこそきっと何かが見れると期待して、多くの観戦者が集まりもした。

そのアントワネットは、ロバレースを考えついたこともあった。

「競走馬がいないなら、競走ロバを使えばいいのに」

と、言ったかどうかは知れないが、これは民衆にもおおいに受けた。

一七七七年十月十五日のフォンテーヌブローでのこと。この日の第一レースは馬でもロバでもなく、体力に自信のある貴族たち数人が、自らの足の速さを競い合った。第二レースが馬二頭によるマッチレース、そして、王妃の希望であるロバ競走が第三レースに行われた。

貴族にロバのオーナーもいないだろう。そこで、三百リーブル（現在の感覚で六十万円余）の賞金を出すことにして、近所の農民から参加を募った。すると四十頭もが出走する大レースになった。優勝者は、賞金の他に、アザミを型どった金製の装飾品を手にした。

こうして刺激を求め続けたアントワネット。賭けに勝った時、負けた時、彼女も叫び声をあげたのだろうか。大使は真っ青になったに違いない。


姫の方は、何と言われようとおかまいなし。気が入る。熱が入る。

「でも、もしわたしの持ち馬が走ったら、もっと楽しいに違いないわ！」

お姫様は旦那様に、競走馬が欲しい、厩舎を持ちたい、とおねだりしたのだが、ついに聞き届けられることはなかった。パンがなくてもブリオッシュを食べればよいけれど、競走馬の欲求は満たされることはなかった。

もしも馬主になっていたとしたら、数年後に競馬に飽きてしまうなどということが起こっただろうか。いや、この馬でなければ次の馬、と、また次々にイギリス馬を取り寄せたにちがいないのだ。イギリス馬は法外な値で売買されていたから、そうなっていれば王室費は火の車に油で、大革命はもっと早くに起こっていたかもしれない。旦那様が許すわけがない。

そんな王妃の希望を押しとどめさせたのは、あのローザン公だった。女性遍歴を重ね続けるこのドンファンは、うら若い娘を説得するには適格だったうえ、レースでも勝利を重ねる人物の言うことだから姫も耳を貸さないわけがない。

ローザン公がバンバリー卿と友人同士になったきっかけは、じつはバンバリー卿の奥方にあった。ローザン公は、馬のことよりもまずは奥方に魅力を感じて、バンバリー卿に近付いたのだ。それでイギリスに招かれて競馬の手ほどきを受けるうち、今度はこちらの虜になってしまった。

ローザン公が大きな賭けレースをしたある日、出走前にアントワネットはこう言ったことがあった。彼女も彼の馬に大金を賭けてあったに違いないのだが。

「わたし、怖いですわ。もしもあなたが負けるようなことになりましたら、泣いてしまうのではないかと思いますわ」

結果はローザン公の楽勝で、姫はいたく喜んだ。が、その後、このときの二人の睦まじいやりとりが周囲の人に知られて、咎めを受けることにもなった。

そんなこともあると、彼の指導で自分の厩舎を持ちたいという気持ちがよけいに強くなってくる。しかしそこを、馬を持つという事の苦労の多さ、経済的負担、精神的な根気、いろいろと説明をして断念させたのだ。他の人の口から出たこういう内容のことは、旦那様の言葉さえ聞きたがらない彼女だったが、ドンファンの言うことにだけは耳を傾けた。ローザン公は、国王妃に対する最大の尊敬の証として、この役を演じたと自負していた。

アントワネットが好きだったのは、あの無礼講のお祭りのような雰囲気だったのだ。窮屈なヴェルサイユから、レース開催日には広くて開放的な野原や森へと移動することができる。そこでは、プリンスたちも馬丁に入り交じって親しく話をする。王妃である彼女もイギリス人騎手と同等に笑いあったり、珍しい馬に触れたりすることもできる。新たな経験、なんて刺激的な！

刺激的な経験といえば、アントワネットは賭け事じたいが大好きだった。

べつに競馬でなくとも良かった。ほかの貴族にも、賭けられるものには何にでも賭けるという輩がいくらでもいた。馬でなく人間の駆け足レースも、金銭その他を賭けて行われていた。そういったあらゆるギャンブルに、率先して参加していた王妃だった。屋内ではカードが盛んで、このころのヴェルサイユ宮殿はよく賭博場にもたとえられる。

宮廷での賭けごと一般が、史上最高額に達していたという。そしてすべてにおいて、金に糸目をつけない浪費。常識をはずれたことだらけ。そんな日々の、もうじきフォンテーヌブローへ発つというある日のこと、アントワネットにアルトワ伯から賭けの申し込みがあった。

「今から、バガテルに城を建てるのだが、フォンテーヌブローから戻るまでに完成できるかどうか」

そんな、三ヶ月ばかりでは、いくらなんでも無理だろう。アントワネットは承諾した。賭け金は、なんと十万リーヴル（二億円余）である。高額だというイギリス競走馬の値段が、どんなに高くても千七百ルイ（八千五百万円）を超えたことはない時代にである。ちなみに、アントワネットのドレスは一着六千リーヴル（千二百万円）ほど。ローンで買ったブレスレットは二十五万リーヴル（五億円）ほど……。

これより二年前のこと、アルトワ伯は、サブロンの近くにバガテルという土地を購入していた。あばら屋が建っているだけの荒涼とした土地で、その時アントワネットに、

「なんてくだらない買い物をしたんでしょう、ほほ」と、馬鹿にされていたのだ。

「いつか見返してやる」

そう決心したアルトワ伯は、計画的に、絶対にこの賭けに勝てるように、手配していたのだ。

「フォンテーヌブローから帰ったら、バガテル城で王妃のためのパーティを開催いたしましょう！」

アルトワ伯おかかえの建築家ベランジェが一日で設計図を引き、工事は六十七日で完了した。

賭けはアントワネットの負けである。

小ぶりではあるが粗末な建築物ではない。〈仙女の宮殿〉と呼ばれる美しいたたずまいの館で、大革命の嵐をまぬがれた幸運もあり、現在もバガテル公園で香しいバラの花々に囲まれて、しっかりと残っている。

王子様も競馬がお好き

王妃の競馬熱についてこぼしていた大使も、このアルトワ伯にはまいっていた。手紙の中の「粗忽者」の一人である。これが実際に、たいへんな問題児だった。

身分は非常に高い。国王ルイ十六世の弟なのである。よって二つ年上のアントワネットは、義理の姉である。

国王とアルトワ伯の間にもう一人いて、これが大使の手紙の中の「王弟殿下」、後に王政復古のときにルイ十八世の名前で即位する、プロヴァンス伯である。アルトワ伯自身、この二番目の兄の次にシャルル十世という名前で国王になるのだが、このような面々が王様になるかと思えば、あきれもするし、革命を起こしたくなるのもうなずけるというもの。

ブルボン王朝の結末をしめくくったこの三兄弟の、即位時の年齢を比べるととても興味深い。同じ父母からルイ十六世の前に女の子一人と男の子二人が誕生しているが、この三人は子供のうちに死亡している。まず生きなくてはならない。これを最初にクリアしたのが最初に王となる第四子だった。これが即位するのが二十歳の時で、第五子（プロヴァンス伯）が五十九歳の時、そしてなんと第六子（アルトワ伯）にいたっては六十七歳での即位である。第七子、第八子は女の子だった。出生はそこまで。歳の差でいうと第四子と第六子は三つしか離れていない。兄弟とはいえ、生まれる順番で運命も人生もずいぶん違ってしまうものだ。

末の王子だったアルトワ伯の青年時代には、自分が王位に就くなど現実味のない話で、それならと、国政よりも遊びのほうに入れ込んだのだろうか。兄たちに比べると貧乏くじを引いたような気持ちが多少ともあって、賭け事によってそれを取り返したいような、賭け事なら自分も勝てるような、そんな気がしていたのだろうか。

六番目に生まれたことは、すでに人生の賭けでハンデを負っていたのだろうか。そして六十七歳にして切り札を握ったと錯覚し、最後に笑うのは自分だと己惚れたのだろうか。先に生まれて兄弟で一番のりで王となり、三十九歳で死刑の運命をたどった兄を、見返したと思ったろうか。

しかし、勝つためには、大金を賭けるだけですむわけはない。

アルトワ伯は、馬の良し悪しを見抜く目や、レース展開を想定する能力に欠けていた。先のことを読めないというのは、後に王となって国を司るようになっても変わらぬことだった。でも、長男と違って——良いことなのか悪いことなのか——性格はいたってオープンで、激しい気性を素直に表に出す若者だった。

裕福な甘い環境に育った彼は、目新しいものは何でも好きで、とりあえず手を出してみたくなる口だった。イギリス趣味は、たとえばもう王となった立場の長男としては、自国の文化をないがしろにしてまで外国の、しかもしばしば敵となる国の趣味に浸るのはまずい。しかし弟にとってはそんなのは何でもないことだ。楽しいこと、頭ではなく体を動かすことなら、何でもござれ。さらにそれが他人の目から見て格好良く映れば言うことなし。そしてもしも自分がファッションでもスポーツでも一番になれれば、これ以上の栄誉はない。

だからアルトワ伯は、いつも最新モードの衣装をまとった、スポーツの得意な、「軽率だけれど憎めない若様」という感じの王子だった。乗馬はもちろん上級のお手並みだし、狩猟、テニス(ジュ・ド・ポーム)、ビリヤード、ダンスも、宮廷人のたしなみ以上の腕だった。

アルトワ伯はこっそり、綱を張ってその上でダンスをするという曲芸も練習したことがある。それほど暇だったのか、目新しい遊びが欲しかったのか。そんな彼の前に、イギリス式競馬などという新しいゲームを差し出したら、さてどうなることだろう。のめり込んでしまうに決まっている。

誰でも手に入れることができるわけではない外国産の珍しい馬を買って、限られた特権者だけが、大勢の羨望の眼差しを受けながら栄光の勝ち取り合いをするのだ。参加しないわけにはいかないし、自分が一番にならないわけにもいかない。

良い馬をイギリスから買うのだ。騎手も、調教師も、馬丁も、みんなイギリスから連れてくるのだ。馬にはイギリス製の鞍を付けるのだ。乗馬服もブーツも最高級の材料で作らせるのだ。それに、牧場も厩舎も整備しないといけない。

自分が一番になるのだ。だから、レースには大金を賭けておくのだ。とにかくアルトワ伯の浪費癖は有名な話で、金遣いは多方面で荒かったのだが、競馬への賭け金は、支出の中でもかなり大きな割合を占めていた。

それでも、なんといっても否定できないのは、この王子が最初のサラブレッド輸入の火付け役を演じて、フランスに競馬熱をもたらした、ということだ。王妃はそれを煽る役目を果たしたことになる。

それに比べると長男王ルイ十六世は、競馬も賭け事も嫌いだったにもかかわらず、弟の屁理屈やほかの貴族の正当な理屈を聞き届け、ついには競馬の発展に寄与することを行っている。

一七八〇年に、「王の盆（プラトー・ドュ・ロワ Plateaux du Roi)」と呼ばれるレースを創ったのだ。イギリスでは昔、キングズプレートと称してレースを行い、銀製などで価値のある盆（皿、プレート）を勝者に与えていた。その習慣を真似た「王の盆」はつまり「王の賞」というほどの意味である。

このレースの注目すべき点は、フランスで初めての馬の改良を目的とした競走だったということだ。馬の改良が目的ではあるが、まだまだ種牡馬の数が不足していて大きなレースが規則的に催せるほどではなかったし、何よりその数少ない種牡馬の種を残すために母馬を選抜することが最優先なので、この賞は牝馬だけを対象としていた。国内に正式に輸入されてさえいれば、外国産馬でも出走できた。

さあて、「王の賞」、誰がどんな馬を出して競うのか。

シャルトル公、もう一人の王子様

オルレアン公、という名前は、どこかで聞いた覚えがあるのではないだろうか。じつはオルレアン公と呼ばれる歴史上の人物はたくさんいて、混乱してきてしまうのだ。

ここでの話は、オルレアン公ルイ・フィリップ・ジョゼフという人なのだが、この人はオルレアン公爵になる前にはシャルトル公爵だった。つまり、オルレアンという公爵領土の領主になる前にはシャルトルという公爵領土の領主であった、ということ。さらにその前にはモンパンシエ公爵だった。

一人の貴族の呼び名が生きているうちに何度も変わってしまったのでは、また混乱してきてしまうのだが、この人物は、競馬人としてはシャルトル公の名前で有名である。彼がシャルトル公爵であった時代に競馬が流行り、この名を語らずに競馬は語れない、というくらいに、主要人物の一人となった。

シャルトル公も、王子様なのである。王位継承権を生まれながらにして持っていたのである。

しかし、その継承権とはなんと、アルトワ伯の次に王様になる権利がある、というものだった。しかもアルトワ伯は、シャルトル公よりも十歳年下である。さらに、ブルボン家三兄弟に世継ぎとなる男の子が生まれれば、その赤ん坊の次の権利者となる……。

これでは望みは測りしれないくらい薄い。

よく、シャルトル公は――一七八五年以降オルレアン公となる――例のブルボン王家三兄弟の従兄弟として紹介されていて、だから王位継承権はそれら従兄弟の次、と思われている。三兄弟の次というのは事実なのだが、正確にはもう少し遠い親戚になる。三兄弟から五世代さかのぼった人と、シャルトル公から四世代さかのぼった人が兄弟同士で、ルイ十三世の息子たちである。片方がルイ十四世として王になり、その弟のフィリップが分家のオルレアン家の初代となる。

シャルトル公はまた、王位の座を狙っていた人物とされるが、実際、生まれた順番で権利が決まってしまうような不平等には反対だった。個人個人の実力・資質だけが人間のあいだに差を作るのだ、という考えを持っていた。

といっても、では農民と自分が対等かと言われればそれはまったく別問題で、貴族としての特権は当然のこととして享受している時代の話である。

十歳の頃から、王家の馬術教師について、馬に親しんでいた。勉学はそこそこで、スポーツの方に惹かれる健康的な子供だった。十五歳ぐらいで大人に混じって鹿狩りなどの遠出をはじめ、精悍な、エレガントな、すてきな馬上の王子様に成長していった。

しかも、オルレアン家は王権から遠くなって以来、財力のほうで幅を利かしつつあり、かなりの富を所有するようになっていたのだが、ここへ来て、シャルトル公の結婚相手のおかげで財産がさらに膨らみ、なんと王様をしのぐほどの大金持ちになったのだった。

財力の次にはやっぱり本当の権力が欲しくなるところだろう。ところが、絶対王政だというので身動きがとれない。シャルトル公は、自由思想を抱いて、フリーメーソンのフランス本部の頭を務めるようになる。フリーメーソンは、啓蒙主義精神を軸にイギリスで成立した秘密結社である。シャルトル公の境遇では、イギリスの体制がすばらしいと思うのも当然の成り行きだった。

そして、競馬に惹かれるようになる。自由思想への傾倒が、あまりに強い王権への反抗の表れだったとしたら、競馬を行うのもまさしくその延長上の行為だったのだ。

彼のとりしきっていたフリーメーソンでは、当然イギリスびいきの貴族がメンバーに多かった。その大多数が競走馬を所有していたので、彼らの集会はすでにちょっとしたジョッキークラブの様相をも呈していた。

シャルトル公は、王として政治で活躍できないのなら軍のほうで出世しようともしたのだが、その境遇も機会もありながら、一度大きなミスを犯して以来、その道も絶たれてしまった。本当に八方ふさがりである。そんな彼にとって、競馬はフラストレーションを解消させてくれる絶好のスポーツとなり、ゲームとなった。栄光を追うことのできるチャンスが、まだここに残っていたのだ。

フランスの競馬界を誘導したのは、十九世紀に現れる「フレンチターフの父」の前に、まずこの人だった。彼のおかげで、苦労して競走馬牧場を開いた者たちは馬を公式に走らせる機会ができ、目安が持てるようになったのだ。アルトワ伯もこのライバルがいなければ、それほどのめり込まずに、よって、イギリス競走馬に注目が集まることもなかったのではないか。そしてまた、フランス随一の生産者・輸入業者であったヴォワイエ侯も、いくら情熱を傾けても、競走馬の方面で業績を残すことはなかったはず。

シャルトル公は、英仏の競馬人のアドバイスを得て、国内だけでなくイギリスの競馬界にも乗り出しつつあった。一七八一年から九〇年の間には、イギリスのジョッキークラブに所属することになる。厳しい条件を満たして、さらに渋い投票を経てのみメンバーとなれる、あのクラブである。

彼のフランスでのアドバイザーだったコンフラン侯は、陸軍少将や王国総司令官の任を負った軍人で、ルイ十六世の厚い信頼を得ていた。大の狩猟好きだった王の供には、かならずこの優秀な騎士、コンフラン侯がついていた。「王の賞」の企画にも、なくてはならない人物だった。この時レース委員も任された彼の名前は、イギリスでも競馬への貢献者として知られていて、「コンフラン・ステークス」という名称のレースが、一七八四年からブライトンで催されている。

コンフラン侯も、フレンチターフ第一幕の役者としては重要人物の一人だったのだが、ついに牧場を持つことはなかった。馬はこの時代、必需の乗り物であるから、ほかの貴族同様、厩舎は移動先のあちこちに所有している。フランス国内のレースにも数多く参加して好成績をおさめたが、それら競走馬はシャルトル公の厩舎に置いてあった。

意気投合した二人。こういった人物があと何人か集まれば、フランスでもジョッキークラブが形成されるではないか。そう考えたのはシャルトル公だった。

間を置かず、七五年の秋には、この二人を含めた十四人が「競馬推進協約書」のようなものに署名をしている。内容は、一年に二回、春と秋にフランス産馬のレースを行い、そのための資金として一人年間五十ルイ（約二百五十万円）を納める、というものだった。

しかし、この組織が成長して、競馬協会の基礎となるには、まだまだ世の中の準備はできていなかった。

シャルトル公は十も年下のアルトワ伯と、良きにつけ悪きにつけ、様々な面でライバル同士だった。王座からの遠さと近さが、二人の共通点なのだ。栄光を出世以外のところに求めなくては満たされないという立場。他の貴族も程度の差こそあれ、それぞれ競争しあってはいるのだが、身分や財力のレベルで、この二人は宿敵となるにふさわしい特権を持っているのだ。

二人が、テニスでもビリヤードでも、試合をするということになると、それだけで毎回話題となり、スペクタクルとして見るに値した。二人のエレガントな超貴族の一騎打ち。

スポーツではしかし、いつもシャルトル公が勝つことが予想され、その通りの結果になった。仕方がない。シャルトル公の方が体格も良いし、鍛練の年月が違うのだ。

では、それぞれが自分の肉体ではなく、馬という生き物を使って、同じ条件でスタートラインに立ったとしたら、勝負はどうつくことだろう。

この話題に沸きあがったのは、フランスの宮廷ばかりではない。イギリス全土の競馬界が息をのんで、二人の勝負の決着を見守っていた。

アルトワVSシャルトル

一七七六年の二月の時点で、同年十一月に行われる「対決」の予告がなされていた。賭け金は三千ルイ（一億五千万円）。

アルトワ伯もシャルトル公も、良馬の入手に奔走し、それぞれイギリスに遣いの者を送り込んだ。

シャルトル公は、三頭の牡馬、**チューサー**（七歳）、**グロウワーム**（四歳）、**カディィ**（年齢不明）を、それぞれ三百ギニー（千五百万円）、千六百ギニー（八千万円）、千ギニー（五千万円）で手に入れた（一ギニーは一ルイとほぼ同価値と思ってよい）。

アルトワ伯が買ったのは、**バーバリー**（五歳）、**コミュス**（六歳）、**キングペピン**（四歳）、やはり三頭とも牡馬で、それぞれ、五百ギニー（二千五百万円）、同じく五百ギニー、そして千七百ギニー（八千五百万円）という値段だった。

国内の生産牧場も輸入業者もこんなに高額な馬は扱っていない。イギリス競走馬でもせいぜい三百ギニー程度で取り引きされているのだ。

イギリス産の「狩猟用の馬」というのも、フランスのどちらかというとどっしり型の馬に比べて繊細でエレガントで見栄えが良く、富豪たちに人気があった。しかも足が速くて頑丈ときている。この狩猟用になると、ぐんと下がって三十から五十ギニー（百五十万から二百五十万円）という値段になる。これでも、富豪しか手を出さないのだ。二人の王子が対決のために選んだ馬がどれだけ高額だったか。

これらの馬は、イギリスの競馬界でも最高クラスに属し、評判の牧場で生まれてすでにニューマーケットなどで名を成した名馬たちだったのだ。

馬関係者の間では、様々な意見が聞かれた。英仏両方の牧場主、馬主たちが、大きな期待と関心を寄せて予想をめぐらせていた。

「この勝負は、時の運と、もうひとつ、どちらがより良い馬を買えるかにかかってくるだろう」

かなめは、そこにある……。

六頭の名馬のうち、何といっても人々の注目は**キングペピン**に集まっていた。

この芦毛の大きな馬は、五月のニューマーケットで行われた四歳馬ステークスで、それまで無敗だった**ドリマント**という強馬を破ったばかりだった。大功労をあげた直後に、その馬を目玉の飛び出るような値段で購入したというので、話題はそれからの顛末に集中していたのだ。

秋の競馬シーズンの始まり。フォンテーヌブロー。

春のサブロンでまたしてもシャルトル公やローザン公に負けていたアルトワ伯は、今回にリベンジをかけて、ついに自分のものとなるはずの勝利と栄光の前味に酔っていた。コースやその周辺、城からの道などを自分の使用人を使って整えさせた。パリからもイギリスからも、観衆は山とやってくるだろう。

十月中旬から、レースは開催された。まだまだ小手調べの段階。イギリスのあの名馬たちは十一月のためにとってある。ここでアルトワ伯が負けるのも、まだ仕方のないことだ。

十一月六日。シャルトル公の**チューサー**が、アルトワ伯の**コミュス**を破った。

十一月八日。**アベ**という馬にシャルトル公もアルトワ伯もやられた。**アベ**の鞍上はゲメネ大公の白い勝負服を着た騎手だったが、じつはローザン公の持ち馬で、しかもその中の最強馬だった。やはりイギリス馬である。

十一月十日。アルトワ伯の**バーバリー**が、シャルトル公の**カディ**に勝った（やっと！）。これで、かの六頭でのアルトワ対シャルトル戦は、一勝一敗ずつになった。

注目の**キングペピン**の出走レースは、その三日後に予定されていた。**キングペピン**は、フランスに運ばれて以来、ほとんど人の目に触れていなかった。この話題の馬をアルトワ伯はかくまうように大事にし、ほんの一部のとり巻きだけにしか見せようとしなかった。おかげでよけいに話題が話題を呼ぶことになっていた。

がしかし、これはじつは港で下船の際に怪我をして、静養が必要だったからなのだ。半年を過ごして怪我はすっかり良くなって、調子は絶好調ということだ。

一方、シャルトル公の秘蔵っ子は、**キングペピン**と同年齢の**グロウワーム**である。**グロウワーム**は、イギリスで**ドリマント**に破れていた。あの、無敵だった**ドリマント**。**キングペピン**だけが勝つことができた**ドリマント**に。この**ドリマント**は一度破れたとはいえトップの中のトップ級の馬で、フランスの王子たちが馬を買いに遣者を送った時、お金をいくら積んでも手に入れることはかなわなかったのである。

そんな馬に勝ったことが**キングペピン**の切り札なら、**グロウワーム**のほうには、血という切り札があった。**グロウワーム**は、かの**エクリプス**の仔なのである。

すでに伝説となっていた**エクリプス**。一七六四年の日食（エクリプス）の日に生まれ、出走したレースに全勝し、イギリスのキングズプレートは十一勝を勝ち取り、五歳のときにはもう対戦しようとする相手がいなくなるほど恐れられた馬。父方は十三世代、母方は八世代にわたって血筋が記録されている、超高貴な血統馬。**グロウワーム**はその産駒なのだ。後にも先にも、フランスに入った唯一の**エクリプス**の直仔《ちょくし》だった。

アルトワ伯もシャルトル公も、譲れない誇りと自信と、その根拠が充分にある。十三日が迫るにしたがって、二人の対戦の賭け金は競り上がっていった。三千ルイが王室公証人に預けてあったのだが、これがレース前日には一万ルイにまで昇った。

他にも、誰も彼もが賭けていた。イギリスの地でも。新聞によると、英仏あわせて三百万件もの賭けがなされたということだ。

アルトワ伯の勝負服は、鮮やかなグリーン地にバラ色の筋入り。シャルトル公のほうは、黒地にやはりバラ色の筋入り、である。

アルトワ伯が**キングペピン**と**バーバリー**の二頭（双方芦毛）を、シャルトル公が**グロウワーム**（鹿毛）と**カディ**（毛色不明）の二頭をそれぞれ選び、四頭立てのレースとなっていた。

この日をさらに盛況にしたのには、国王の存在があった。あの競馬嫌いのルイ十六世が、はじめて観戦においでになったのだ。アルトワ伯は兄をやっと説き伏せることに成功して、興奮していた。浮き足立っていた。すでに勝利の味を噛みしめていた。

「さあ、兄上もいくらか賭けておかなければ。もちろん僕にさ。さあ、いくらにする？」

あまりにうるさいので、国王はこの時はじめて、賭けることにも折れたのだ！

「余は、一エキュ（約六千円）を賭けるぞよ」

キングペピンの購入価格が千七百ルイ（八千五百万円）だったという時に、一エキュを賭けたのだ。ほかの貴族は、お金でなければ宝石、食器、土地、馬、それに愛妾まで賭けてしまう時に。とあるイギリス人には、なんと一万ルイ（五億円）を**キングペピン**に出した者もいた。これは、**キングペピン**の前の持ち主とその関係者のグループだという噂だ。

とにかく、一エキュは、話にならない。お金じゃない。

「余は、競馬など馬鹿にしておるのじゃ。賭け事も同様じゃ」

という気持ちを表すために、故意にした意地悪だ。

その気持ちは充分すぎるほどアルトワ伯に伝わった。腹は立つが、しかし、アントワネットがいるからいいのだ。お姫様は義弟の馬に大金を賭けてくれた。

レースの始まる前、アントワネットは**キングペピン**のいる厩舎にまで赴いた。

芦毛の堂々たる馬は、落ち着いておとなしく、愛らしかった。姫は手をのばしてみずにはいられなかった。手袋をはずして、じかにその美しいお手で鼻面を撫でた。

「あらまあ、なんてすべすべとしているのでしょう」

あまりの手触りの良さに感激して、くちびるまであててみた。これ以上はない応援である。祝福が授けられたのである。

有頂天になったのはアルトワ伯だ。

「おお、妃殿下！　今のくちづけによって、わたくしの馬は天下無敵となりました！　きっと勝ってごらんにいれます！」

やけにあらたまって、うやうやしくお辞儀をしてみせた。

ものすごい群衆が押し寄せている。馬や馬車の数は幾千におよぶ。

パリや近隣の町から足を伸ばした者も、近くの閑人も、ありとあらゆる人が集まっている。英語の会話もそちこちで聞かれる。**キングペピン**に関してはイギリス人の方が事情通だ。

どよめきの中、いよいよ四頭のスタートが切られた。

キングペピンが頭に出た。のびのびと走る様子には、まるで羽が生えたかのような余裕が感じられる。

ほかの三頭はついていけるだろうか。このまま一方的に離されてしまうのだろうか。

まだまだ分からない。コースを三周するのだ。

二周目、**キングペピン**の速い足に少しも衰えはない。大きな体躯《く》で、長い頸を伸ばして走る。

後ろ三頭はこれ以上間隔を広げられたら、このまま逃げ切られてしまうだろう。

三周目に入るころ、**グロウワーム**との差が縮まったように見えた。この一周、一〇〇〇ｍが保つか……、と思いをめぐらすや、どうしたことか、みるみる**キングペピン**が下がっていくではないか。

一同のざわめきが増す。

グロウワーム、かの**エクリプス**の仔が、悠々と頭に出る。**キングペピン**はもはや持ち直せない。大差をつけて、**グロウワーム**がゴールを抜けた。

いったい何が起こったのか。ざわめきがほとんど轟音と化す。わけ知り顔のイギリス人たちが頷いている。

怒ったのがアルトワ伯だ。怒り狂っている。騎手を呼びつけて、殴り倒さんばかりの剣幕で頭ごなしに叱っている。そこに居合わせたイギリス人はこう思った。

「フランスが戦争に負けたとしても、これほどの目に遭わされる将軍もいないだろうよ……」

キングペピンが負けたのは、当然といえば当然の成り行きだったのだ。最も近くにいて最も無知だったのがアルトワ伯だった。

キングペピンの特徴は、大きな体躯に長い頸。ニューマーケットで**ドリマント**を破った時は、その長いストライドを充分に活かせるコースで、距離も六五〇〇mも以上あった。フォンテーヌブローは一周が一〇〇〇mしかなく、これでは速足を発揮できる直線部分が足りなすぎ、消耗されるだけだ。三〇〇〇mという距離も短すぎる。

哀れな**キングペピン**。条件があまりに不利だった。アルトワ伯には分からなかったのだ。勝負には作戦が必要だということが。「どちらがより良い馬を買えるか」だけですべては決まらなかった。これがサブロンでの対決だったなら、また違う展開になっていたことだろう。

イギリス人から情報を得ているシャルトル公には、予想ができていたのだ。**キングペピン**の走りぶりを承知の上で、サブロンでなくフォンテーヌブローでの対決になったことをうまく利用できる結果となったわけだ。

たとえばローザン公も、知っていた。よって**キングペピン**には賭けなかった。

アントワネットは後になってそれを知らされたが、賭けで大金を失うなど、何の痛みも伴いはしない。自分の名誉が傷つくわけでもない。なんにせよ、あの見栄っぱりの義弟が悔しがる姿は、なかなか見ごたえがあった。

ご覧のとおり、イギリス式競馬がフランスに根を下ろしたのは、まさに大革命前夜の狂乱の宴たけなわのころだった。この騒ぎを遠くに聞きながら、しだいに民衆は疑惑をつのらせていた。

あと十数年後に何が起こるかなんて、アントワネットも義弟も、露ほども気にかけてはいなかった。

第四章

対岸は遠し

越えがたい英仏海峡

イギリスでは良馬の開発がなんと進んでいることだろう、と、フランスのプリンスたちはため息をついた。

かの国では、第三回十字軍に出征してアラブ馬のすばらしさを知ったリチャード一世王（在位一一八九－九九年）のころから、それら輸入馬と在来種のかけ合わせを行ってきたのだ。もう六世紀が経とうというころである。進んでいるはずである。

種牡馬を選ぶために競走させてみる。かけ合わせの結果を判断するのに競走させてみる。やっているうちにルールもできてくる。競馬としての古い記録には、ニューマーケットで一三七七年、チェスターで一五四〇年などがある。

イギリスを発祥の地とする西洋競馬は、外国ではまずフランスに飛び火した。たとえばダービー創立年をひとつの基準としてみると、イギリスでは一七八〇年に幕を上げ、フランスでは一八三六年に第一回が催される。これが日本に上陸してくるのが、それから一世紀後の一九三二年のことである。

まず英仏海峡を渡るのに五十年もかかったのだ。イギリスとフランスは交流がなかったわけではなくて、むしろその逆である。頻繁な行き来、交易がなされ、商業の発達していたイギリスから、フランスは種々の商品を輸入していた。しかし、やりとりの多くは武力闘争でもあった。十七世紀末には植民地をめぐっての争いもはじまり、英仏第二次百年戦争に突入している。

いろいろな戦争の連なっていくこの第二次百年戦争が始まるのが一六八九年なのだが、偶然にも、イギリスにサラブレッド三大始祖の一頭目がやってくるのが、これと同じ年なのである。戦争に欠かせない速い馬の血統による開発が、系統的にはじまったのだ。

それから生産とレースが発達し、馬の速度が増すにつれて、イギリスの植民地政策や軍事政策もじっくりと根をはっていき、第一次イギリス帝国の完成にいたるのが、英仏植民地七年戦争が終結した一七六三年のことである。このときカナダをはじめとする北米やインドのフランス植民地はみんなイギリスの支配下となった。

この時点で、まだほとんどのフランス人は、王侯貴族も含めて、競走馬というものを知らない。イギリスに負けて植民地を奪取されてしまったフランス。しかし、若い貴族たちにはしょげている者ばかりではない。

「国は負けたにせよ、とりあえず戦時中ではなくなった、さあ、久々にイギリスに旅行ができるぞ」

とばかりに、喜び勇んで船に乗る。

イギリスの街は活気に満ちて、珍しい物がたくさん売っていた。競馬も見た。馬はほっそりしているがとても速い。コーヒールームというところでは、馬主が集まってクラブを開いていた。フランスではこの一七七〇年前後から、軽く速い馬＝イギリス血統馬の輸入が始まる。ここにきてやっと、馬の血統に注意を向ける者が一人、二人と現れてきたのだ。

ルイ十四世治下

マリー＝アントワネットが競馬に熱中した時代より、しばし昔へ遡ってみよう。

一七七〇年代以前のレースというと、馬よりも乗り手の技量を競い合う目的が強く、よって勝ち馬の名前は大事ではなく、勝者は乗り手か馬主か、とにかく常に人間だった。貴族同士で賭け勝負をしたり、あるいは縁日やお祭りの呼び物として、人間による競走などと併せて行われることが多かった。

実際にはずっとずっと以前から、それこそ馬と人間の付き合いの歴史と同じくらい古くから、馬を用いた競走というのは存在しているわけだが、「イギリス式競馬」ということで公式記録に残っているものでは、一六五一年、ということはルイ十四世の時代に、宮廷を囲んで催されたマッチレースがある。まだサラブレッドというのは存在しない。

ダルクール大公とジョワイユーズ公という貴族の対戦で、当時イギリスで行われていたレースになぞらえて、ルールも同様に馬の食べるものから調教、乗り手の服装や重量までもが規定されていた。ダルクール大公は本人が騎乗し、ジョワイユーズ公の方は代理人が手綱をとった。

重量についての規定というのは、乗り手二人のうち体重の軽いほうの服のポケットに鉛の玉を入れて同体重にするだけのことだが、この頃の「イギリス式」でなんとも珍妙なのは、馬の食べ物だ。競走に使う馬には、本番のひと月前くらいから、アニス入りのパンと青刈りソラマメを与える。普段やっている燕麦はひかえるべきとされる。そして、レース前の数日間には、驚くなかれ、生卵を二百から三百個与えるのだという。

そうして賭けに勝ったのは、ジョワイユーズ公のほうだった。

少しして、一六八八年にイギリスで名誉革命が起こった後、英国内にいられなくなったスチュワート王家の方々がフランスに逃亡してきた。国を追われたジェームズ二世は、復権を企てながらも死ぬまでフランスで過ごすことになるが、その間にもイギリス式競馬が催されている。

一七〇〇年、亡命中のイギリス王家の方々をお迎えして、ルイ十四世をはじめフランス宮廷側もそうそうたる顔ぶれをそろえて、五頭によるレースを大金を賭けて見守った。

このときの馬の食べ物がまた奇妙なのである。周回約二八〇〇ｍのコースで三回戦を競うのだが、一回ごとに馬を休ませ、ビスケットとスペインワインを与える。そのワインでは馬の体もこすって、疲れをとってやるという。スペインワインというのは疲労回復の効能があったのか、この回だけでなくいろいろなレースで使われている。

ルイ十四世（在位一六四三－一七一五年）は、フランス絶対王政のきわみに「太陽王」としてまさにさんさんと君臨し、かのヴェルサイユ宮殿を建てた王様である。この王に仕えていたコルベールが王立牧場設立の政令を発して、良馬の生産を奨励する。だが競走による速い馬の選抜という考えは皆無で、レースの奨励らしき政策はなかった。競馬と馬産は関係のないものだった。

コルベールは、当時の重商主義をコルベール主義と呼ばせたほどの、有能な財政政治家である。重要な財、特に軍事面で必需である馬を外国から仕入れているという状態が、自国の富を流出させることになっていると指摘し、これを国内でまかなって出費を減らそうとした。

良い種牡馬を牧場に置き、生産者に安価で提供する。この政策はフランスの馬産と国庫とには大いに貢献したことにちがいない。太陽王の財布にはまったく締まりがなかったのだから。

国が種牡馬の管理をしようと決まってから、ルイ十四世へモロッコの王様よりバルブ馬が数頭進呈された。しかし誰の目にも、そんな貧弱な馬が立派な種牡馬になるとは思えなかった。これをフランスから買い取ったイギリス人以外の誰の目にも。

イギリス人はこの馬たちをサラブレッド創成に役立てた。この時の**セントヴィクターズバーブ**の血は**エクリプス**に流れているし、**カーウェンベイバーブ**の血は**ジムクラック**へと伝わったのだ。

ルイ十五世治下

ルイ十五世（在位一七一五―七四年）ときては、前王の治世からの財政難にも悩んでいたし、第二次百年戦争は延々と続いているところだったし、山と囲っている愛妾たちはかわいいしで、競馬どころの話ではなかった。

しかしこの治世にもヒーローはいた。一七二〇年代のこと、馬にまたがって生まれてきたとたとえられる、センセーショナルな騎士が現れた。

そのサイアン侯の挑んだ競馬は、「イギリス式」ではなく、「古典的フランス式」のタイムレースである。あえて「フランス式」と分類してみたが、馬よりも人の馬術能力をはかることに重点が置かれ、あの変なルールには則らない、ということである。

サイアン侯はまず、パリのサン＝ドニ門からシャンティイ城までの往復を二回、朝の六時にスタートして正午までに達成する、という賭けをして、勝った。十六頭の馬が道沿いに待機させてあって、乗り替えながら走った。

次に、ヴェルサイユからパリの廃兵院まで馬を替えずに三十分以内でたどり着く、という挑戦をして、負けた。三十二分三十秒かかってしまった。もっとも、このときは本人でなく従僕をジョッキーに使わざるをえなかったのだが。それでも沿道には人だかりができて、やんやの喝采が飛んだ。

皆の衆は、馬上の貴公子の活躍やその名誉を賭けた競走に、熱い関心を寄せていた。娯楽に乏しいこの頃、宮廷人のこういった挑戦は、民衆にけっこうな話題とショーを提供していたのだ。

フランスがこんな賭けで賑わっていた頃、本場イギリスではどんな様子だったか。

ご当地に亡命中のヴォルテールは、大きな期待を抱いてニューマーケットに出かけていった。ところが、友人に宛てた手紙によると、とても騎士道風の気高いものとはいいがたい、がっかりするものだったということだ。

実際この頃のイギリスでは八百長が頻発して、競馬場はいかがわしい雰囲気に満ちていたらしい。特にヴォルテールの目には、人々の賭ける様子が卑しく映ったようだ。貴族でさえそうなのだ。

それに比べて同時代のフランスの貴族は、まさに「おフランス」の象徴であり、顔であり、優雅で上品で理知的で勇敢であることを理想とし、それを誇りに持ち、鼻高々としていた。イギリス貴族のあの下品な習慣をそっくり受け入れるには、いかにも支障があった。

イギリス式競馬がなかなか海を渡れなかった原因の一つはここにある。フランスの貴族が、イギリス人はお下品だ、と思っていたことだ。なにしろ、イギリス趣味にかぶれている者は、「アングロマニア」と呼ばれて怪訝な顔をされる時代だったのだ。

それでも、イギリスが多方面で優位に立っていることは事実だったし、フランスでも若い世代はそれを認めて、自由な体制やそこから生まれる新しいものに憧れを抱くのももっともだった。中には、競走馬をフランスで育ててはどうかと国王に促した者もいたのだが、この段階では箸にも棒にもかからなかった。

ひとつ、有名な話がある。

ルイ十五世の馬に対する無関心から、フランスはフレンチサラブレッドの始祖となるはずだった名馬を失ってしまった、という事実である。

あらゆるサラブレッドは、三大始祖、**バヤリーターク**、**ダーレーアラビアン**、**ゴドルフィンアラビアン**のいずれかの血を受け継いでいるが、この、三頭目の**ゴドルフィンアラビアン**は、イギリスで種牡馬として大功労をおさめる前には、フランスの馬だったのだ。

一七三〇年、チュニスの太守がルイ十五世に八頭のアラブ馬を贈り物にささげた。ルイ十四世の時と同じく、誰が見ても貧相な馬だった。もともと馬などに興味のなかった王はもちろん、王立牧場の責任者すらもこのようなみすぼらしい馬を使うわけにはいかない、というので、贈り主には内緒で、今回も安く売りさばいてしまった。

その中に、後に**ゴドルフィンアラビアン**と名付けられることとなる馬がいた。買ったのはパリの荷車引きの男だった。その男が水まき用の樽をのせた荷車を引かせているところ、とあるイギリス人が目を留めた。

目を留めざるをえない。痩せこけた馬が、もう動けないというのに、これでもかと鞭打たれているのだ。野次馬の輪ができるほどだ。馬に精通するイギリス人は、この「みすぼらしい馬」の中にアラブの血を見分けると、買い取って救ってやるつもりで、男に出所を聞き出した。

「王室の馬だったんですからさ……」

やはり、そんじょそこらの馬の骨ではないに違いない。交渉は思ったよりもてこずったが、売り手は嬉しくてしかたない。

イギリス人はその馬を手に入れると、丁寧に介抱し、自国に連れ去った。馬は性格が荒れてしまっていて、扱いにくかった。そこで、しばらくしてから最終的にはゴドルフィン卿の牧場に落ち着くことになった。

ゴドルフィンアラビアンの子孫である**マッチェム**や**エクリプス**（＊）などの超有名馬が活躍した時期には、まだルイ十五世は存命中であったが、なにせ興味のないことだろうから、自分の犯した損失にお気づきになられたかどうかは、たいへん疑わしい。

しかし、海のむこうの隣の国では、高貴な血を引く新しい馬種が、確実に受胎して、じっくりと育っていたのだ。

そしてフランスでは若い王様が即位し、若い貴族たちの時代が始まる。

＊**エクリプス**は**ダーレーアラビアン**系として知られているが、これは**エクリプス**の父親**マースク**が**ダーレーアラビアン**の曾孫にあたるからである。**エクリプス**の母親**スピレッタ**は、**ゴドルフィンアラビアン**の孫である。

「その勝負は、どちらがより良い馬を買えるかにかかっている」

アルトワ対シャルトルの対決のときにそう言ったのは、イギリスのロッキンガム侯爵だった。最も早くから競走馬の生産が行われていたヨークシャーで牧場を営んでいるロッキンガム侯爵は、フランス随一の競走馬生産者であるヴォワイエ侯爵の良きパートナーであり、最大の信用をおく輸入元である。

このヴォワイエ侯爵マルク・ルネが生まれたのは一七二二年だから、一七三〇年に**ゴドルフィンアラビアン**がフランスを通過した時にはこの世にいたわけだが、なにせ八歳では、この馬を見そめて引き取るなどということは期待しようにもできない相談だ。

そう思うのも根拠のないことではなく、もう少し時代さえずれていれば、本当にありえた話かもしれない。二十九歳のときには王立牧場の総指揮を任されるようになるのだ。牧場の管轄権は父親の属する軍にあったのだから、いや二十年待たずとも、父子二人で**ゴドルフィンアラビアン**を国の牧場に留める可能性もあったではないか……。

トゥーレーヌ地方の旧家、ヴォワイエ・ダルジャンソン家は、古くから数々の土地の領主を務めてきた由緒正しい大貴族の一族である。父ダルジャンソン伯は戦争大臣にまでのし上がっていた。息子ヴォワイエ侯も若くして騎兵隊に入り、父の後を追って軍人としての道を着実に歩んでいた。

ところが、一七五七年二月一日、国王暗殺未遂事件が起こり、ルイ十五世がヴェルサイユ宮殿の中で負傷する。これをきっかけに、責任を負わされたダルジャンソン伯は職務を解かれ、宮廷から追い出されてしまう。そしてトゥーレーヌ地方のオルムへ引きこもって、多くの文人や百科全書派らと文学サロンのようなものを形成して過ごすことになるが、失墜の苦い味はけして癒えることはなく、一七六四年、無念のうちに生涯を閉じた。

息子ヴォワイエ侯は、六三年までは王立牧場の総指揮官を務めたが、父親の失墜は、その血を受け継ぐ者にも同じ境遇を準備している。あの事件さえなければいつか元帥の地位が授けられることになっていたのが、出世の夢はすべて水の泡となって消え去ったのだ。それからも生涯国のために尽くすのだが、大臣にもなれない境遇に封じこめられてしまった。

相続人は彼一人だったため、巨額の財産や広大な土地は思うままだった。功績をあげる場、栄光をつかむ場を失った由緒正しい血の持ち主は、さてこれからどうしようかと、オルムの城で考えていた。

「血統馬の生産牧場を作るのだ……」

牧場に関しては、それまで国のために、国王のために、長年管理をしてきたのである。全国の王立牧場の事情を把握し、関係者には親しく信頼をよせあう者が数多くあった。自国のために良い馬を生産することは、自分の人生とはもはや切りはなすことのできない天命のようなものとなって、情熱をかきたてていた。彼にはそこに、まだ栄光のほの明かりが見えていた。六六年から設備の建築や牧草地の改良をはじめ、二年ほどで王立牧場へ馬の仕入れができるまでにこぎつける。イギリスの馬はひとつのモデルだった。狩猟用、馬車用、乗馬用など、見ごたえもあって頑丈なイギリス馬を輸入していた。

展望がどんどん広がり、生産の規模も大きくなるころ、ちょうどヴェルサイユの宮廷で若い王子たちの間に新しいゲームが始まる。出走を希望する貴族たちから、選りすぐりのイギリス競走馬の需要が生まれたのだ。

モンカニジー牧場

ヴォワイエ侯よりほんの一年ほど前に、サラブレッドを育てる牧場をはじめた男がいた。ということは、フレンチターフの歴史がはじまる十年も前のことで、サラブレッド競走のない国でサラブレッドの牧場を開いたということになる。

ローラゲー伯というその人物は、たしかに変わり者だった。

変わり者にふさわしく、イギリスびいきだった。まだ白い目で見られる頃の「アングロマニア」だった。イギリスの文学、政治、科学に傾倒し、ヴォルテールやディドロとは親交も深く、新しもの好きで、何にでも手を出してみる口だった。演劇、化学、医学、法学、経済学、農学を研究し、それにローザン公同様、愛妾《しょう》も多く囲っていた。傍目にも「この時代の最たる変わり者の一人」であり、彼の思想は「ひとつひとつは明瞭なのだが、全部まとめるとうやむやなもの」という評判だった。

フランスに競馬（イギリス式の）がないことがどうしても納得できなくて、馬を競走させることの有用性を説いた論文をイギリスで出版したりもした。そのタイトルがいかにも彼らしく、『重要な主題についての無用な意見書』という、思わせぶりなものだった。

身分は非常に高い生まれで、母方には王家の血も入り、父は優秀な軍人で、彼自身ヴェルサイユ宮で育てられた。その富と地位は、数々の珍奇な行為を許していた。特権により、軍では早々に高級将校となって立派な功績をあげていたのだが、何かがもの足りなくて、突然脱軍してしまう。そこでも突飛なことをやってのけた。

宮廷にたてついて追放処分を食らうことももままあった。賭け競馬が騒動になって、投獄されたこともあった（後述の**ジムクラック**での勝負の時）。それでも逃亡してイギリスに遊びに行ったりする。ルイ十五世はもうほとんどあきれかえっていた。

こんな有名な話がある。

ローラゲー伯がしばらくイギリスに滞在していて帰国した折、ぬけぬけとルイ十五世に挨拶に行った。このところ姿を見なかったので、王はどこに行っていたのかとお訊ねになった。

「イギリスでございます、陛下」

「それはまた、何をしに？」

「思想（パンセ penser）を学びに参りました」

王は、ローラゲー伯がどこで何をしていたのか、だいたいの見当はついていたのだ。

「馬の世話（パンセ panser）を学びにか？」

と、嫌味のあるしゃれで切りかえして、無駄は承知で、たしなめた。

競馬に興味のなかったルイ十五世も、あのくだらないスポーツがイギリスでずいぶん流行っていることは、ご存じだったようだ。

ローラゲー伯がフランスで初めて競走馬の生産牧場を開いたのは、英仏海峡を目の前にのぞむノルマンディのモンカニジーの丘だった。丘の上で、海のむこうの流行のスポーツ、競馬に思いを馳せながら、自分の手で競走馬を生み出す試みをはじめたのだ。馬も馬丁も調教師もイギリスから連れてきた。

世間は「変人がまた変わったことを始めた」と、冷ややかな、無関心な目を向けるだけだったが、彼には心強い協力者があった。リチャード・タッターサルという名のそのイギリス人馬商は、ローラゲーとモンカニジーで牧場をはじめるのとあい前後して、ロンドンのハイドパークコーナーに馬の競売所を設置していた。それが、現在でも世界一の規模を誇るサラブレッド・オークションの、タッターサルズである。

タッターサルは、ローラゲーといっしょにフランスにも進出したかったのだ。二人で牧場をつくり、競売所を経営する計画を立てていたのだ。しかし、時期早きこと、一世紀……。

体制に理解されない「変わり者」の反抗心から、ローラゲーは自分の身代わりとして傑出を認められざるをえない馬を育てたかったのだろうか。それとも、変わり者の数多い気まぐれのうちのひとつにすぎないものだったのだろうか。

十八世紀の名馬に**ジムクラック**という一頭がいるが、この馬はバンバリー卿のものとなる前、ローラゲー伯のものだった。あるマッチレースで負けたことのリベンジに、この馬をイギリスから手に入れてきて、新たな賭けに挑んだのだ。**ジムクラック**は、三十六キロの距離を一時間以内で走るという快挙をやってのけて、ローラゲーの仇を返した（一七六六年）。が、いかんせんフランスには公式競馬のない時代のこと、**ジムクラック**はその後まもなくイギリスに引き返して競走馬生活を続けた。

メゾン牧場とヴァンセンヌ牧場

「変わり者」が育てたのはイギリス競走馬のコピーだったが、「失墜した気高い軍人」であるヴォワイエ侯のほうは、少し違っていた。イギリス馬を使って、イギリス馬をモデルに、まったく新しい血統創成を望んでいたのだ。

しかし、そういった生産方式や、そこから生まれる新しい馬の価値は、理解されるにはやはりまだ時期が早かった。唯一の理解者は、賭け勝負に勝ちたい一心の王子たちだけだった。それでもヴォワイエ侯は、はじめは王子たちの賭け事の道具にすぎなくとも、いつか全国の牧場の馬種改良につながっていくのだという信念を持ち続けていた。

よって、アルトワ伯が**キングペピン**での勝負に敗れて、競馬など投げ出してしまうのではないかと思われた時、そこをなんとか、雪辱戦必勝のアドバイスを試みて、説得して、自分の牧場の顧客にとりいれたのだった。

アルトワ伯は、**キングペピン**も**コミュス**も**バーバリー**も、売り払ってしまおうと思っていたのだが、これらの馬の価値をよく知っているヴォワイエ侯のすすめで、**コミュス**と**バーバリー**は自前で牧場を持ってとっておく決心をした。**キングペピン**、あの恥さらしの元凶に関しては、どうしても、顔も見たくないほどの嫌悪を抱くようになっていた。これではどうにもしようがないが、ヴォワイエ侯にとってはこの名馬の血を絶やすことは許されないことでもあったので、王立牧場への寄贈ということでこの一件は落ち着くことになった（本当は買って欲しかったのだが、ルイ十六世は聞く耳を持たなかった）。

こうして気をとりなおして、メゾンという土地（後のメゾン・ラフィット）に、アルトワ伯は牧場を持つこととなる。ヴォワイエ侯のアドバイスに養われて、メゾン牧場はみるみる充実していった。

当然シャルトル公も、牧場を持つようになっている。

こちらはパリの東側、ヴァンセンヌの森にあった。ヴァンセンヌは王室狩猟区域になっていて立派な城もあり、ヴォワイエ侯が城の管理者、シャルトル公は狩猟官を務めており、すでに厩舎などの馬の施設も充実していた。好都合である。

シャルトル公は、イギリス馬を買いはじめた頃にはオルム牧場を仕入元にしていたが、じきに直輸入するようになり、生産もはじめる。そして、ヴォワイエ侯の推すアルトワ伯のライバルを演じるべく、侯の企画する産駒《さんく》戦に二つ返事でのりだしていくのだ。

こうして競走馬の牧場がいくつか生まれてきたのだが、馬を育てる方針はそれぞれだった。彼らのほかにも、小規模ながら競走馬に興味を持った生産者もいた。この時代、フランスは自国のサラブレッドの誕生へと、最初のステップを踏み出したところだ。

キングズプレートとプリンスたちの愛娘

フランスが北米大陸でケベックやルイジアナなどを失った英仏植民地七年戦争から十二年後、アメリカの独立戦争が一七七五年に始まる。フランスはその翌年からアメリカを後押しする体勢をとり、七八年には正式に同盟条約を結んでイギリスからの独立を承認していた。

いやはや、英仏はまた敵国同士。フランスに滞在していた多くのイギリス人が帰国していった。そんな情勢下で、フランス国内の貴族は「イギリス式競馬」に興じていたのだ。

七九年頃、パリ競馬の舞台はサブロンからヴァンセンヌへと移る。オペラに演劇、ブーローニュの森の散策のほかに、このヴァンセンヌの森への競馬観戦は、貴族たちにとって欠かせない流行の娯楽になっていた。

八一年、アメリカの独立戦争はフランス軍の援助を得て勝利へと向かう。ヨークタウンが陥落して、イギリス軍は敗北をみとめ、降伏した。

この決戦には、われらがドンファン、ローザン公も、フランス軍の中で一役かっていた。彼がしばらくフランスのレースから遠のいていたのは、アメリカで闘っていたからなのだ。ローザン公はドンファンばかり演じていたのではなく、凛々しい兵士でもあった。由緒正しい軍人の家系に生まれ育った、実践を重んじる行動派の男だった。

ローザン公のほかにも、ヴォワイエ侯やコンフラン侯も勝利と栄光を戦地に求めて従軍していた。ヴォワイエ侯は出世の道を閉ざされてしまっていたが、騎兵部隊監察官などの任務をひきつづき負っていた。

この間、政治でも軍でも活躍できないシャルトル公は、ロンドンに別荘を買ったり、ニューマーケットで厩舎を営んだりと、大変けしからぬ行為をはたらいていた。イギリスとの国交は断たれていることになっている時期だったが、実際には連絡船はずっと動いていたのだ。

八三年九月三日、イギリスがアメリカの独立を承認する和平条約が、ヴェルサイユで調印される。六三年の植民地戦争敗北からちょうど二十年、フランスは正式にイギリスに仇討ちするに至ったのだ。ルイ十六世は、競馬ではなく、政治でイギリスに勝ったのである。

しかし、このアメリカへの莫大な援助は、苦しいフランスの国庫をさらに追いつめた。フランス自身がこの勝利で得たものは何もなかった。おまけにこの年はひどい凶作にみまわれた。ルイ十六世はもうほとんど首が回らない。

革命まであと六年……。

フランスのキングズプレート、〈王の賞〉の第一回が開催されたのは、ヨークタウン陥落のちょうど半年前のことになる。一七八一年四月、ヴァンセンヌの馬場。

あの、競馬嫌いのルイ十六世が賞を与えるレースである。国内にいる牝馬を対象にした、フランスで初めて馬種改良の目的を持った、系統立ったレース。

最終的に〈ルイ十六世王の賞〉は三年目で終止符が打たれてしまうが、首の回らなくなっている王の与える賞のこと、様々な理由のうちの一つは察しがつく。宮廷の内輪のための催し物、という枠を抜けることはできなかったが、とはいえ、政策として馬の改良が初めて謳われたという点では、大きな意味を持つ出来事だったことに変わりない。

ここに出走してくる牝馬は、イギリスからの輸入馬を除けば、ローラゲー伯やヴォワイエ侯の牧場で生まれた、フランス国籍を持つ大事な産駒たちだった。あるいは、数年前にアルトワ伯とシャルトル公が対決のためにたいていイギリスから買ってきた、あの名馬たちの、フランス娘たちだった。

フレンチサラブレッドを夢見る男たちの労に報いる、最初の成果が出るのだ。王子たちの対決が、その産駒の世代に持ち込まれたのだ。

四歳から七歳まで、それぞれ年齢ごとに国内産、外国産で分けたレースもあれば、内外産一緒のレースもあった。年齢で分けたこれらのレースが三日にわたって催され、そのあと最終日にそれぞれの優勝馬が決勝戦に出馬する。賞金は各レース百ルイ（五百万円）で、決勝レースは二百ルイ（一千万円）。三年の開催で、全部で二十三レースが行われた。

外国産馬は、正式に輸入されていなければ出走資格がないので、イギリスの馬主が自国から参加することはできなかった。どちらにせよ、国交は断絶中である。三年間の開催で、全部で十四人の馬主が参加。それでもそのうち二人はイギリス人だった。

国王が賞金を出すこのレースは、結果的には王子たちの晴れ舞台となってしまった。二十三レース中、シャルトル公とアルトワ伯が二人合わせて十五勝以上をあげた。シャルトル公はさすが、第二回と第三回の決勝レースも勝ち取った（第一回目の決勝での勝者が不明）。

八一年、第一回王の賞には、もうヴォワイエ侯はアメリカから帰国していて、外国産馬で二勝を獲得している。シャルトル公も外国産馬。ローラゲー伯とアルトワ伯はそれぞれ自分の牧場産馬を勝たせることに成功した。

八二年、第二回王の賞。四月十五日、ローラゲー伯のモンカニジー牧場で生まれた**デサンシー**が、伯の真っ赤な勝負服の騎手を乗せて四歳馬レースに勝った。同日、同じモンカニジー牧場生まれの**プリュダンス**が、五歳馬レースに優勝した。**プリュダンス**の鞍上はアルトワ伯のグリーンにバラ色の筋入りの勝負服である。フランス初の競走馬牧場モンカニジー、「変わり者」ローラゲーの夢は、現実に成功に至ったのだ。

しかし、ローラゲー伯は、この時たいへんな窮地に立たされていた。経済面でかなり追いつめられていたのである。

そうはいっても、彼は莫大な資産を持つ大貴族ではなかったか。競走馬を持つには莫大な資金が必要ではあるが、それが、彼にはあったではないか。自分ではどこから入ってくるのかさえも思い出せないさまざまな土地の収入。加えて相続。さらにその相続財産の生む収入。それが、競走馬とは、そんな大富豪をも破産に追い込んでしまうほどの、魔力を秘めた生き物なのだ。

この四年前にじつはモンカニジーの牧場も売却してしまっていて（馬を買ったのはヴォワイエ侯）、出走できるほんの数頭だけを手元に残しておくのが精一杯になっていた。その中に**デサンシー**がいた。

この華々しい栄光の後、ローラゲー伯は残っていた馬も同年内には売却して、レース界を後にした。それからは田舎の城でつつましく暮らしていく。四十九歳。牧場を営みはじめてから、十七年が経っていた。タッターサルへの負債は、払ったのかどうか分からない。

しかし、**デサンシー**と**プリュダンス**の勝利によって、ローラゲー伯はイギリスのジョッキークラブのメンバーに名を連ねることが叶った。競走馬に憧れるすべての人間が聖域とみなすこのクラブに、八八年まで籍をおいた。

プリュダンスは第三回王の賞でも、六歳国内産馬戦と六歳内外産馬戦の両方をかっさらってアルトワ伯を狂喜させた。**デサンシー**と**プリュダンス**、この二頭のローラゲー伯の愛娘たちは、この八年後にイギリスで出版される『ジェネラルスタッドブック』（＊）にも名を残すことになる。

アルトワ伯のメゾン牧場の産駒も王の賞の一つを獲得したし、シャルトル公のヴァンセンヌ牧場でも名牝馬が生まれていた。シャルトル公がロッキンガム侯のところで購入した**ピロイス**という種牡馬の娘**フィリス**（一賞獲得）と、その全姉《ぜんし》の**ラップウイング**（二賞獲得、うち一つは決勝戦）は、ともに『ジェネラルスタッドブック』に載ることとなる名馬だった。**ピロイス**の父は、かの**ゴドルフィンアラビアン**の孫**マッチェム**である。

ヴォワイエ侯のオルム牧場産の**ローラ**も、八三年に一賞を獲得した。その父馬**トップガラント**は、侯がフレンチサラブレッドの運命をかけてイギリスから手に入れた高価な種牡馬のうちの一頭だった。**ローラ**は、オルム牧場のお得意様であるアルトワ伯の勝負服をまとった騎手をのせていた。

これらの王の賞のほかにも、王子たちはフレンチサラブレッド第一世代を競わせるレースを行った。特に、三歳馬には王の賞がなかったから、最新馬くらべを自分たちで企画した。

八二年の十月十五日、アルトワ伯とシャルトル公は、三歳牝馬をそれぞれ二頭ずつ出走させて賭け勝負を行っている。この勝負は実際には、七七年の四月、つまりレースの五年半前、ということは馬の生まれる二年前から、予定されていた。

こういう慣習はイギリスで昔からあったことで、良馬生産を座右の銘とするヴォワイエ侯も、「仔馬の生まれる前に対戦が決まって賭け金が支払われていなければ、確実なものは何もない」として、このニューマーケット方式を推奨していた。賭け金はイギリスではジョッキークラブの事務局が預かるが、こちらでは信頼あるコンフラン侯、あるいは王室公証人に託された。

このレースの出走馬四頭は、次の通り。

シャルトル側は、**エルミオヌ**と**フィリス**（八三年王の賞獲得の）。双方父親は**ピロイス**で、ヴァンセンヌ牧場生まれ。

アルトワ側は、**ジェサミー**と**ランティポル**。双方父親は**ミロール**で、メゾン牧場生まれ。

アルトワ伯の牧場で大事にされていたこの種牡馬**ミロール**は、**マッチェム**の息子で、ヴォワイエ侯から推薦された馬だった。芦毛の小さな馬で、ローザン公の持つ最強馬**アベ**を破ってアルトワ伯の屈辱を晴らしてくれたこともあった（七八年四月のこと。それに気をよくしてアルトワ伯は**ミロール**をヴォワイエ侯から買い取った）。

ランティポルの母親は**スフィンクス**といい、**ミロール**と同時にやはりヴォワイエ侯の牧場からメゾン牧場へ入った。**スフィンクス**は、かの**エクリプス**の腹違いの妹である。四頭の対戦の軍配は、**ランティポル**に上がった。アルトワ伯は狂喜のきわみである。賭け金の千ルイ（五千万円）は彼のものとなった。今回の勝利の喜びは、レースそのものに勝った喜びが、ブリーダーとしての成績を競う産駒戦にも勝ったことによって、何倍にも膨らんでいるのだ。

ほかに、アルトワ対シャルトル戦は、八三年王の賞の開催日にも行われた。王の賞のレースが終った後、十頭の二歳馬（翌月に三歳＊＊）が三レースを競い、そのすべてに出走した**ビッシュ**というアルトワ伯の馬が、壮快に三勝を飾った。

ビッシュ（牝鹿という意味）は、**コミュス**（アルトワ伯が**キングペピン**らと同時に買ったあの名馬）と**スフィンクス**との間にメゾン牧場で生まれた、濃い鹿毛の牝馬である。同年秋のフォンテーヌブローにも、**ビッシュ**は出てきた。が、十月四日には、**ピルグリム**という同歳の牡馬にわずかの差で破れてしまう。**ピルグリム**の騎手は、やっとアメリカから帰ってきていたローザン公の黒地にグリーン飾の勝負服をまとってはいたが、その父馬は、**チューサー**、シャルトル公が**グロウワーム**らと同時に購入したイギリス馬なのだ。

ビッシュは一敗はしたものの、同月二十日のレースで再び勝利を飾り、三歳で五走中四勝、二着が一回、という成績で、イギリスの『レーシングカレンダー』（＊＊＊）に年内優良馬として名を残した。もちろん『ジェネラルスタッドブック』にも載ることになる。

この段階での産駒戦においては、アルトワ伯はシャルトル公をしのいだと言える。ただし、アルトワ伯の勝利とは、ヴォワイエ侯の勝利のことなのである。これら秀でた産駒たちは、ヴォワイエ侯が良馬生産のために、苦心の末、選び、手に入れてきたイギリス馬の仔なのだから。

ヴォワイエ侯は、涙に震えて喜びを噛みしめたことだろう。もしも、自分の牧場の産駒が、自分が選んで交配した馬の仔が、こんなにも好い成績を出したことを知ったなら。

そう、ヴォワイエ侯は、八二年秋に**ランティポル**が、あの**ミロール**と**スフィンクス**の娘が、三歳馬で最も有望とみきわめられるところさえ、見ることはなかったのだ。彼はそのひと月前に亡くなっていた。愛娘**ローラ**の勝ち姿も、**ビッシュ**の栄光も、見ることはなかったのだ。

ラ・ロッシェルの沿岸防衛の責任者だった彼は、八二年八月、ペストに汚染されたその地の浄化作業の監督を行っていた。そしてその病に伏し、九月十六日、**ランティポル**のレースをひと月後にひかえて、息を引きとったのだった。享年六十歳。

ミロールや**スフィンクス**らの、次々世代が生まれつつある時だった。

＊このスタッドブック（血統登録書）が、血統にこそその存在意義のあるサラブレッドをサラブレッドたらしめている。逆に言えば、これが存在しなくてはサラブレッドも存在しないことになる、重要な登録書である。

＊＊一七五一年のイギリスで、馬は五月一日に加齢することとなった。これは牧草の成長と馬の出

産時期を考えあわせたもので、一八三三年まで続いた方式である。フランスでも政府によるレース法では一八四二年までこの方式になっている。

＊＊＊一七七三年からイギリスで発行されているレース記録書。年次報告の形式で、さまざまな情報が記されている。

フランスの諸君、お久しぶり！

イギリスでは一七八〇年に第一回ダービーが開催されて、アメリカでの苦戦とは裏腹に、競馬界は華やいでいた。第三回ダービーには、シャルトル公はおしのびでエプソムへ観戦に出かけている（五月二十九日）。その翌日と翌々日には、**パム**という名の自分の持ち馬をレースに出走させてもいる。

一七八三年の和平条約調印がすめば、英仏国交はまたも自由自在。秋のフォンテーヌブローにはイギリス人がさっそく戻ってきていた。

十一月七日。この日に予定されている三レースには、ダービー卿やクイーンズベリー公ら、イギリスの強豪たちが、自国から運んできた持ち馬を出走させる。久しぶりのフランスでの出走だ。観衆の興味も、賭け金も、おのずと大きく膨らんでいた。

前月に、**ビッシュ**や**ピルグリム**などフランス産馬のレースがあったばかりだ。なかなかどうして、すばらしい馬が生まれているじゃないか。では、イギリス馬対フランス馬の勝負は、いったたいどうつくことだろう。

午後にレースをひかえた自慢の馬をつかって、フランスの王子たちは午前中に森の散策をする。小川を飛びこえ、潅木をかわし、ライバル意識が出てくるとまるで競走のように走る。これと同じことを五十年後には障害レースと呼んで、ジェントルマンライダーと名乗るダンディたちがすることになる。が、このころのプリンスたちには当たり前すぎて、特別なレースとは思えていないだけのこと。

それにしても、なんと優れた馬なのだろう。これらの馬は、それまでの純国内産馬とちがって、軽く、速く、スマートで、持久力もある。ちょっとした遠出もずいぶん所要時間が短くなった。プリンスたちは、この新種の馬が、自分たちに似合った、自分たちに必要な、自分たちのためのステータスシンボルなのだと信じて疑わなかった。

その馬たちのこの日のレース結果が、歴史の一ページをめくらせる。優れた馬、王子たちの自慢の馬、プリンスのステータスシンボルは、イギリスからやってきた競走相手に完敗したのだった。

一レース目、二レース目と、イギリス馬の走るその姿を見ただけで、彼らは自分の愛娘、愛息子にすっかり幻滅を味わった。

三レース目、シャルトル公は、一番の愛息子**ジェイゾン**の負ける姿をむざむざと見ていたくはないと、取りやめ料を支払って棄権させてしまった。それほどの大差が、走らずしてついていたのだ。

　この日の三戦のレースを機に、フランスでの競馬は、一幕目を閉じた。一七七五年三月に「公式イギリス競馬」が始まって、九年目の秋のことだった。二幕目が上がるのは、二十年以上も後のナポレオン時代を待つことになる。その間にも「馬を使った競走」は、古典的フランス方式で存在はした。しかし、馬の改良を目的とした競走、「イギリス競馬」の最たる目的を持った競走は、存在価値を失ってしまった。

　アルトワ伯は、今度こそすべて投げ出してしまった。良きアドバイザー、ヴォワイエ侯はもうこの世の人ではなかった。

　メゾン牧場は、ヴォワイエ侯亡き後、国王に寄贈されていた。アルトワ伯の締まりのない財布について、国王は何度もたしなめていた。これ以上牧場を維持することは、民衆からのさんざんな批判の声をさらに大きくするだけだ。メゾン牧場の種牡馬や牝馬は各地の王立牧場に分配されて、アルトワ伯は競走馬の厩舎だけを維持しようとしていた。しかしそれも、ここに来てすべて放棄するに至った。もう、競馬なんて面白くも何ともなかった。

　ローラゲー伯もご存じのとおり破産。

　頻繁にレースに参加していたゲメネ大公も、この頃には同じく破産。

　ローザン公もかなり左前になってきていて、もはや馬も妾も囲うどころではなくなっていた。

　残るはシャルトル公とコンフラン侯だったが、競走相手がいなくてはレース開催は考えられない。この二人はいくらでも相手のいるイギリスで、競馬を続けていく。

〈ルイ十六世王の賞〉も、よって、忘れ去られる。フレンチサラブレッドの二代目が一、二歳を迎え、次の代が母馬の胎内に宿っていたにもかかわらず。

どうしてここでフランス競馬の舞台に、一旦とはいえ幕が下りてしまったのかは、大まかなところ分かった。経済的な問題と、気まぐれな王子たちの性格と、社会の不安とそれによって高まる民衆の不満が原因だ。それに、熱心な生産者ヴォワイエ侯の死も深く関わっている。

しかしどうしてまた、イギリス産馬とフランス産馬の間に、レースでの差があんなに出てしまったのだろう。ヴォワイエ侯がもしもあの日のレースに立ち会っていたなら、やっぱり失望して意欲を失っただろうか。

いや、ヴォワイエ侯には、このレース結果は予想がついていた。フランスの馬は、彼がイギリスの馬をもとに生み出したものなのだ。血はイギリス、生まれはフランス。血を、目的に従って選んだのは彼なのだ。

彼の生み出したかった馬、理想としたフランス産サラブレッドは、ただ速ければ良いという馬ではなかった。彼の追求したフランス純血種馬とは、「多用途の丈夫な馬」だったのだ。長距離向きで、重量にも堪える馬。

速さは絶対的な条件ではある。十八世紀半ばのフランスの馬術界では、ギャロップでの訓練、つまりスピードの追求は、まったくなされていなかった。一七七七年にやっと、軽騎兵隊の演習の項目に入ったところだ。それまではすべての行動を美しく整然としたトロットだけで訓練していたが、ヴォワイエ侯はギャロップ馬の必要性を強く感じていた。

しかし頑丈でなくては意味のないことだった。この頑丈さを付与するために、ヨークシャーの古い血筋の頑強な牝馬を選んだ。この血は、速さだけを追求するには、馬に重さを与えてしまうのでむしろ不向きだったが、それは承知の上で、そこを利点と信じて、新しい馬を目指したのだ。

ヴォワイエ侯が亡くなってから、オルム牧場は閉業した。創立から十六年。その何年も前から、経営は苦しくなっていた。ほんの一部の貴族を除いては、国王も、国の機関の責任者も、彼の馬産に対する情熱を理解はしなかった。オルム牧場の手間と元手のかかった高価な馬を利用してくれようとはしなかった。

しかし裏を返せば、ヴォワイエ侯は、国のため、国王のため、優れた馬を生産したいと望んだのだ。フランスが本当に必要としている馬、それは、乗馬にも狩猟にも使えて、さまざまな馬車を引かせることも可能で、軍隊の行進にも、戦地での闘いにも活躍する馬ではないか。小さな騎手を一人乗せて速く走れれば良いという馬では、用途がない。たとえば、王の近衛兵には体格の基準もあって、身長一メートル七三以上の人間を乗せなくてはならないのだ。

フランスのために、優れた馬をつくること。それが、ヴォワイエ侯の見た栄誉の光だったのだ。

イギリス産馬とフランス産馬で、あれだけレースで差が出たのには、ほかにも理由がある。レースのために馬主となった王子たちが、競走馬というものをよく理解していなかったことだ。競走馬とは、競走にのみ使うものだということを知らなかった。

彼らにとって競馬は、存在の高尚さを競うためのゲームだった。なにしろ、レースホース（競走馬）という英語を聞いて、十八世紀のフランス人は「血統馬」と理解していたのだ。レース（race）という単語には、フランス語では「競走」の意味はなく、「種族・血統」としか理解されなかったのだ。

よって、大事な競走の前に出走馬を使って森の散策を楽しんだりした。レース日でなくとも同じことで、便利になった高級な（血統書つきの）乗り物だと捉えていた。イギリス人を使って調教をさせてはいても、その目的を競走だけに絞ってはいなかったのだ。

それに比べて、商業の発達していたイギリスでは、生産者や調教師も立派な商人だった。競走馬は、大事な商品だった。何代にもさかのぼる血統書を付けて、レース成績を付けて、高額な値段を付けて、取り引きする財だった。調教とレース以外に使用するなんて考えられないことだった。

フランスの貴族には、その商人根性が持てなかった。なのにヴォワイエ侯は「高価な馬を売り買いする、貴族に値しない商人」として、国王やその他の貴族から反感を買い、社会の理解を得る前に他界したのだ。彼の選んだ牝馬は、血の面ではもっとも由緒正しい、高貴な種であった。

が、死後その国王から、元帥の資格を表すコルドン・ブルーが授けられた。父親の失墜以来、どんなに国のために貢献しても手の届かぬものとなっていた、元帥の地位である。自らの命と引きかえに最後まで国に尽くしたとなると、王も少しは心を動かされたのだろう。

それから十年ほど経つと、現実にギャロップ馬の需要が高まり、ヴォワイエ侯の理想とした馬の真実が理解されてくる。革命戦争とそれに続くナポレオン戦争で、イギリスやアラビア、コサックの騎馬兵など、その巧妙な馬術に、フランスは正面から向きあわなくてはいけなくなる。

第五章

ナポレオンはやっぱり偉い人

革命とともに去りぬ

一七八九年七月十四日、バスチーユ牢獄の襲撃。フランス革命の勃発。アルトワ伯は、三日後にはとっとと国外へ亡命する。

兄のプロヴァンス伯は遅れて、九一年になってから、フランスを脱出することに成功する。それから二十三年もの間フランスの地を踏むことはない。

国王兄ルイ十六世とその家族については、顛末はご存知のとおり……。

オルレアン公（元シャルトル公）も一時国外に避難するが、翌年のうちにはもうパリに戻ってきていた。立憲君主制が確立すれば、自分が国王になれるかもしれないと、思ったこともあっただろう。が、祖国は共和国になったのだ。

ルイ十六世の死刑宣告は、国民公会による投票で判決された。死刑に賛成が三六一票、反対が三六〇票。議員の一人に選出されていたオルレアン公が賛成票を投じ、それが決定的なものとなった。が、たった一票の差である。一人の人間の運命、一国の王の生死、一国の歴史が、たった一票で変わったのである。

共和国の政府は国民公会の後、総裁政府、統領政府と、安定しないままに形態を変えていく。その過程を通じて一貫していたのは、旧体制特権への猛烈な反対ムードだった。自由を盾に平等の名の下に、王室の匂いのするものが次々と破棄されていく。歴史と文化の重要な記念物や財が、このとき多大なダメージを被ったのだ。

モノだけではなく、習慣も。賭け事と同義語で贅沢の象徴のような競馬は、もちろん目の敵だった。さらにはルイ十四世時代に創設された王立牧場までもが閉鎖されてしまう。そして、それまで苦労して維持してきた種牡馬は、なんと捨て値で売りとばされてしまったのだ。機会さえあればふたたび走れたかもしれないサラブレッドの幼子たちも、みんな名のない孤児になってしまった。

それでも、牧場の全頭が行方知れずになったわけではなかった。王党派の人たちによって隠されたり、買い取られたりした馬の中には、王立牧場が国立牧場となって息を吹きかえす時に、ふたたび陽の目を見ることになるのもいた。

王妃マリー＝アントワネットの馬車を引かせる二頭の馬をかくまい、救った王党派もいた。このとき救われた馬たちは、後に立派にフランスの輓馬《ばんば》種の改良に貢献する。馬の名前も記録されている。**アレイリオン**と**パルフェ**といい、サルト県（パリから約二百キロ）のマルシャンという男のもとに隠され、トロッター種の大ブリーダーが、この二頭のおかげで生まれることになった。が、あまり用途のない競走馬にまで救いの手を差し伸べるのは難しかったのだろう。その血の行く末が気にかかる**キングペピン**やその仔ら（**アントワネット**という名の牝馬も生まれていた）は、どうなってしまったか分からない。系図をつなげることは不可能となってしまった。

しかし、こうして王立牧場を解体したことによって結果的に困ったのは、それから革命戦争に突入していくことになる革命派自身だった。なにしろ馬は大事な兵器なのだから。農業だって商業だって、馬がなくては振るわないのは目に見えているというのに、馬を処分してしまうとは、革命に成功した酔狂で見境がつかなくなっていたとしか思えない。

勢いづいていた革命派と市民は、祭りを欲していた。バスチーユ襲撃からちょうど一年目には、「連盟祭」という名前をつけてシャン・ド・マルスにて記念式典を盛大に行った。これが第一回パリ祭である。

シャン・ド・マルスは今でこそ、エッフェル塔の足元から軍士官学校まで広がる整備された庭園になっているが、この頃にはまだ塔は影も形もなく、軍隊の演習用のとんでもない荒れ地だった。にもかかわらず、ここはそれから六十年にもわたって、たいした整備もされないまま、パリ祭の会場として、競技場・競馬場として、それに一八五五年からは万博の会場としても利用されていく。競馬場としては、第一回パリ万博の二年後に、かのロンシャンに新しい競馬場が完成する時まで。

土質が悪く、天気の良い日には地面はカチカチに固まって砂塵の嵐がふきあれ、雨が降ったら降ったで沼地に早変わりという場所で、競馬を催すには、馬にとっても人間にとっても大変な危険が伴ったという。

　なのにどうしてここが開催地に選ばれたのかというと、交通に便利だったからである。革命の混乱で移動の手段（つまり馬）がなくなっていた。鉄道はまだない。フォンテーヌブローは遠すぎるし、サブロンやヴァンセンヌでさえパリのずっと外れである。パリの中にある、広い土地。民衆との距離のない土地。それがここだったのだ。パリ祭は馬車を使う貴族のためではなく、一般民衆のための催しなのだ。

　だから第一回パリ祭のための工事は市民みんなで行った。ルイ十六世も、もちろん形ばかりだが、参加した（処刑はこの三年後）。そして七月十四日には十万の人が黒山を作った。

　一七九六年になると、連盟祭のほかにも「自由の祭典」と銘打った祭りが行われた。この時に、馬での競走も含めた競技会が企画される。人間の駆け足競走があり、乗馬競走があり、それにベン・ハー風の戦車競走もあった。出場者は服装も決められていて、腰には三色トリコロールの帯を巻き、頭には色付きの鳥の羽を挿して、ゼッケンの代わりとした。

　ひとつ競技が終わるたびに軍楽隊のファンファーレが鳴り響き、催しの荘厳さを訴える。特別席には士官たちの制服姿がずらり。勝者に与えられるのは賞金ではない。なによりも名誉。それと、有形物では馬や銃器などだった。賞金もなければ、賭け事もご法度なのは言うまでもなし。

　これはギリシャ・ローマ時代の英雄たちの、真似事なのだ。あまりに贅沢な匂いに満ちた旧体制下での競馬を忌み嫌うあまり、反動でベン・ハーまで持ち出すことになったのだ。

でも、総裁政府時代には、とにかく馬の数が不足しすぎていた。革命戦争は続いていて、兵器である馬が消耗していく一方で、前述したように国の牧場が閉鎖されたままなのだ。馬を供給することは国家として最優先の急務となっていた。

目を覚まさなくては。種牡馬牧場を再開し、生産を再編成しなくてはならないのは明白だ。馬産奨励のための競馬開催についても、実際に具体的な案をめぐらせる政治家がようやく出てきた。

国づくりに、馬づくりは欠かせないのだ。

帝国の競馬

その案を引き継いだのが、一七九九年に実権を握ったナポレオン・ボナパルトという軍人だった。

革命で貴族の特権が廃止され、誰にでも士官になれる可能性が与えられたところへ、ちょうどコルシカ島生まれの田舎者（失礼！）がうまく乗った。ひとつチャンスをつかんだら、とんとん拍子に道が開けてしまったのだ。あれよあれよと言ううちに、彼はブリュメール十八日のクーデタで総裁政府を倒し、新たに憲法を制定して、三人の統領（執政）から成る統領政府というのを樹立して、自分が第一統領におさまってしまった。

ボナパルトの政治は近代フランスの基礎を築く。あいつぐ不安定な政府のせいで立ち往生していた改革の総まとめ、追い込みを、一気に成しとげたのが彼だった。ただの野心家ではなかった。

実際にやってのける大物だったのだ。

統領は任期が十年だったが、満了する者は一人もいなかった。統領政府は五年しか続かなかったからだ。第一統領のボナパルトは、自分は終身統領ということにしたのだが、それでも満足せずに帝位にまで就いてしまった。共和国を、今度は帝国にしたのである。こうしてボナパルトは皇帝ナポレオン一世と呼ばれることとなる。

戴冠式の次の年、一八〇五年の八月。皇帝はイギリス上陸を図って、ドーバーを臨むブーローニュ・シュル・メールに軍を結集していた。なんとしてもイギリスの制海権を解きたい。作戦を練っているうち、ずっと頭の隅にあった馬のことにも考えが及んだ。

「イギリスは足の速い馬ばかり作って、戦闘に勝てるつもりでいる。強い馬とは、速いだけの馬ではないのだ。このわたしが、本当に強い馬というのを作ってやろうじゃないか」

海辺の野営地で敵国の方角をにらみながら、ナポレオンはこれからフランスでも競馬を開催するという内容の政令を発する。

翌年、いよいよ馬産のための政策にも手をつける。まずは種牡馬牧場の建てなおしである。大革命で閉鎖されてしまった牧場がここでやっと再開される。獣医学校も創立される。

そして〇七年には、海辺のブーローニュで発したあのレース令による競走が実際に始まる。生産を奨励するための競馬の開催である。ここに、フランス競馬史の第二幕目が開ける。

が、それは幕間の出し物のような、控えめな舞台だったというべきなのかもしれない。

このときの筋書き自体は、けしてお粗末なものではなく、当時としては壮大な構想を持ったものではあった。地方予選を勝ち抜いた馬が、中央パリで決勝戦に出場するという、全国規模の催しなのだ。第一幕目の宮廷だけの催しに比べたら、ずいぶんと株が上がったのだ。

その筋書きとは、次のとおり。

国内の県のうち、馬産において優秀な県が六県選定され、それに中央のセーヌ県を加えて、まずそれぞれの県内で三レースを行う。五歳牡馬（せん馬を除く）によるレース、五歳牝馬によるレース、六、七歳牡牝馬によるレース。それぞれに千二百フラン（約百八十万円）の賞金が与えられる。そしてこれら三レースの勝者によってもう一度、二千フラン（約三百万円）が争われる。この二千フランレースの勝ち馬だけが、県代表としてパリでの四千フラン（約六百万円）の決勝戦に出走できる。二千フランと四千フランのレースは三回戦の構成で、うち二回一着になると勝ち。もしもデッドヒートになれば勝ち馬が決まるまで何度でも走る。距離はどのレースも四〇〇〇mということになっていた。

パリでの決勝戦はグラン・プリ（大賞典）と呼ばれたが、この賞が、現存するフランスのレースの中で最も古いものなのである。現在ではグラディアトゥール賞（G3）という名称だが、この名に至るまで時の政治体制に従って様々に変名してきた。そこにはまさにひとつの歴史物語がある。

グラン・プリの場所は「自由の祭典」の時と同じシャン・ド・マルスで、パリの住人全員が見物にくるくらいの見世物にはなった。グラン・プリの行われる年には、ナポレオン帝国の栄華のかぎりを尽くした軍隊行進が行われ、きらびやかな参列者が山と集う。有象無象は感嘆のため息が抑えられなかったが、銃剣をかまえた兵士の列に見守られているため、強い威圧も感じずにはいられなかった。

行われる年には、なのだ。そう、このグラン・プリは、初回の一八〇七年からナポレオン帝国が崩壊するまでの九年間、おそらくは毎年は行われなかったのだ。分かっているのは〇七年、〇九年、一二年の三回だけである。

七県の代表が集まれば七頭のレースになる計算だが、なかなかそうはならなかった。十四年には一頭しかいなくて、当然グラン・プリは非開催。地方の予選レースに勝った生産者がパリまで遠出してこなければ決勝戦は行えないが、そこまで骨を折る価値のある勝利ではなかったのだ。たとえば、地方から中央まで、一日三十キロずつ二十日かけて歩いてこないといけなかったりする。「歩いて」くるのだ。レース前の大事な馬に乗ってきては意味がない。馬を引いて、歩いてくるのだ。その間の馬の飼葉代や宿代も、ばかにならない。

この時の競馬が盛り上がらなかったのは、まあ、しかたない。地方の人にとってはお仕着せがましい生産奨励とも思えたのだ。競馬を娯楽として楽しみたかった人にとっても、お世辞にも楽しいと感じるイベントではなかった。賭け事で盛り上がりたかった人たちも、このグラン・プリに期待なんてかけなかった。ナポレオンは盛大に秩序正しく事を運ぼうとするあまり、堅苦しいカチカチの行事を作ってしまったのだ。

愛好家たちによる未来の競馬協会の競馬と、国家行政による競馬との間の摩擦は、この時始まっていた。競馬愛好家、本当に馬を愛する人たちは、ナポレオンをフランス競馬の創立者だとは認めたくないのである。彼を「フレンチターフの父」と呼ぶ人はいないのだ。

ナポレオンはそれでもやっぱり、競馬史の中でも偉人である。第一に、現存する最古のレースの第一回を行ったのだから。第二に、国立牧場を再建して馬産奨励を始めたのも彼であることに異論はない。第三には、近代化を促して競馬の育つ土壌を作ったこと。彼の甥っ子の治世に競馬の黄金時代を迎えることができたのも、ここで種が蒔かれたからともいえる。最後に、イギリスへの仇をつくって後世の士気を高めたことも忘れてはならない。競馬は、世代をも超える委任勝負なのだ。

でもそもそもが、ナポレオンが生きたこんな時代に、いったい競馬をしようなんて気が起こるだろうか。こんな、波乱万丈のスリル満点の時代に。

毎日人が人を殺め、偉い人が首を取られ、誰かがまんまと裏をかき、賢い奴がうまいこと一発当て、幸運な奴がのし上がる日々。そのまっただ中で夜も寝ずに主役を演じていたナポレオンが、「人生の縮図ゲーム」だなんて、考えも及ばなかったのにちがいない。「実物大ゲーム」を実践していたのだから。

軍人ナポレオンは、南はイタリア、エジプトへ、北はオーストリアへ、ロシアへと、二十年にも渡って休みなく戦いを続けた。次々に勝利を収めて、帝国はどんどん拡大した。誰に委任するでもなく、自分の力で、実際の戦いで、自分の栄光を地の果てまで追っていたのだ。

委任勝負？　笑わせてはいけない。

ただ、彼のその実物大ゲームのせいで馬産が振るわなかったのは事実でもある。ナポレオンは、生産を奨励するのと同時に、貪欲に消費していた。良い馬を生産せよ、と言う。良い馬がいると、みんな戦地という墓場に送りこまれてしまう。短い期間に戦争、遠征を休みなくくり返すには、馬はいくらいても足りなかった。一回の遠征には五、六百頭もの馬が必要だった。ほかに多くのロバも荷の運搬に用いられた。

良馬は一日にしてならず、なのだ。長い年月のかかる馬産という営みの果てにやっと育った産駒を、ほいほいと使い捨てにされては、やっていられない。伝統的な馬産地では、逆にナポレオンのレースはボイコット気味だったのだ。

それに、良馬を生産しようという声明に反して、ナポレオンはイギリスからの馬の輸入を禁じていた。馬だけではなく、あらゆる通商に及ぶ大陸封鎖を行っていた。敵国なのだ、イギリスは。ナポレオンの生涯の敵なのだ。二十年の戦争の日々、いつでもイギリスはそこにいた。ある時は壁となり、ある時は正面きって対戦相手となり。

敵はなにもイギリスに限ったことではなく、あらゆる近隣諸国を相手にまわして戦争をし、ヨーロッパ大陸を征服したのがナポレオンその人、彼の辞書には本当に不可能の文字はないのだろ

う と思わせた、かの人なのだ。そのナポレオンにとって、唯一の「不可能」がイギリスだった。永遠の敵だった。アブキール湾でフランスの海軍を破って、せっかくのエジプト遠征の栄誉に傷をつけたのも、イギリスのネルソン提督だった。ネルソンはまたトラファルガーの戦いでもフランス・スペインの連合艦隊を破り、命を懸けてまでナポレオンのイギリス上陸の夢を潰すことに執念を燃やしたのだ。

前世紀、フランスはイギリスに植民地争奪戦で負け、ルイ十六世がアメリカの独立戦争でその仕返しをした。そしてここで英雄ナポレオンがやられる。

百日天下中、ナポレオンの最後の戦地、ワーテルロー（当地はベルギー）でフランス軍を破ったのも、イギリス軍人ウェリントンだった。その結果、ナポレオンの失脚は完全なものとなり、セント＝ヘレナ島で死ぬまで苦汁を舐めることとなる。

憎し、イギリス！　この仇は、いつか必ず……！

謎の名馬、マレンゴ

イギリスは目の仇だったから、よって、ナポレオンのグラン・プリにイギリス馬は門外だった。馬種でもイギリスに対抗して、サラブレッドを使わないフランス独自の新しい競馬を確立するのが目標だった。そのナポレオンが良しとしたのは、主にアラブ種の馬で、好んで芦毛に乗ったことは知られている。

皇帝を乗せて帝国のために尽くした馬は数多いが、そのうちの一頭に、エジプト生まれの**マレンゴ**という名の馬がいた。有名な「アルプス越え」の肖像で、ナポレオンが乗っている白い馬が、その**マレンゴ**である。体高百四十センチほどしかないこの馬は、小柄だったナポレオンを乗せても絵になる構図を作れる良いモデルだった。

そんなに有名でありながら、**マレンゴ**という名は、ナポレオンの公式馬のリストのどこにも記載されていないのである。皇帝の一番のお気に入りで、戦場でも肖像画でも共にありたいと願った馬だというのに。

マレンゴは一七九四年に生まれた。ナポレオンのエジプト遠征は九八年からはじまり、九九年にフランスへ戻ってクーデタを起こして独裁権を手にする。この帰国の時に、現地で捕獲していた五歳になる小型の白い馬（**マレンゴ**という名はまだついていない）を連れ帰ったのだと思われる。

クーデタが十一月、その半年後にアルプス越えである。アルプスを越えてイタリアに入り、そこで幅を利かせていたオーストリア軍と対峙した。六月十四日、マレンゴという町を舞台にした戦いは、窮地からの大逆転に成功し、ナポレオンにとって忘れられない勝利となった。その時乗っていたのが、あの白い馬だった。

「マレンゴ、マレンゴだ。このすばらしい馬をこれからマレンゴと呼ぶことにしよう……」

ナポレオンにとって、兵器である馬は、勝利の栄光を語り継ぐための生きた記念碑でもあった。

栄光の記念碑として、そして道具として彼は馬を愛したが、それ以上に感情的な思い入れがあったかというと、分からない。あくまでも兵士であるナポレオンは、愛情の対象として馬を捉えてはいなかったようだ。馬術にしても、この皇帝の騎乗法は貴公子のたしなみとはほど遠いものだった。優雅なトロット歩行などは大の苦手だった。ただただ戦術としての騎乗であって、ギャロップで走ることしかできなかったらしい。しかも、よく落馬したともいう。エレガンスとはまったくもって縁のない田舎乗りだったのだ。

目的はそんなことではない、戦闘に勝つことだ。「マレンゴの戦い」でのように、苦境でも勇敢に。

勇敢で、怖いもの知らず、それでいて冷静な**マレンゴ**は、それからも数々の戦いに皇帝と共に挑んだ。一八〇五年にはアウステルリッツへ、〇六年にはイエナへ、〇九年のワグラムにも、一二年にはロシアへも臨んだ。あの厳冬のモスクワ撤退の試練にも生き延びた。

なのに、どうしてナポレオンの厩舎馬として登録されなかったのか。まったくの謎なのである。まるで、**マレンゴ**は、あの戦いでの美しい勝利のように、いつまでも輝かしくあるべき理想の馬のようだ。**マレンゴ**には、五時間続けてギャロップ走を行ったとか（距離にして百三十キロ）、空腹のままで八十キロの道のりをものともしなかったとか、とてもふつうの馬とは思えない神業のような伝説がある。これらの伝説は事実なのか、それとも「ナポレオンのように強い馬」という理想が創り出した美談なのだろうか。

マレンゴはナポレオンの最後の戦地、ワーテルローへも臨んだ。ここでフランス軍は大敗し、帝国の最後の希望のともし火は燃え尽き、**マレンゴ**も傷を負ってしまう。

ここから先のことは伝説でなく、イギリス人の残した確かな史実となる。

白い名馬は敵であるイギリス軍に介抱された。**マレンゴ**の傷には、瘢《はん》痕となっている古いものも多数あった。尾の部分には新しい傷があり、中に弾丸が残っていた。手当てされ、敵国へと運ばれ、とある将校に買い取られて牧場へ入り、三十八年の生涯を閉じるまでイギリスで過ごした。とてもおとなしい扱いやすい馬で、ショーなどに使われたそうである。幾度か種牡馬としても試されたが、良い子孫を残すことはなかった。不思議なことに、伝説の名馬というのはそういうものなのだ。敵国へ運ばれて良い種馬成績を出したというのはあまり聞かない。それに、**マレンゴ**にはどんな毛色の肌馬を使っても、生まれる仔馬はみな芦毛だったのだという。仔馬を見たイギリス人は、きっと国の役には立たないと思ったことだろう。芦毛にはどうしてもナポレオンの面影が、怨念のようにつきまとう。

死の床でもイギリスを呪いながら、ナポレオンが死んだのが一八二一年、**マレンゴ**はそれから十一年も長生きした。

現在、**マレンゴ**の骨格はロンドンの軍事博物館に収蔵されている。ひづめの一つを灰皿に加工したものが、セント・ジェームズ宮殿の士官食堂に保存されているそうである。英雄の形見。対ナポレオン戦争の勝利の記念としてか、名馬への愛情ゆえか……。

イングリッシュ＋アラビアン＝フレンチ

ナポレオンの影響で、フランスではアラブ馬の株がだいぶ上がった。

それよりも前からオリエント派はけっこういたのである。アラブを含めたオリエント馬（バルブ、トルコ、ペルシャ種など）が、この世で最良の馬種である、フランスで生産すべき馬のモデルはオリエント馬である、と称える説である。ルイ十四世、十五世の頃とはずいぶん見解が変わったものだ。

軍馬としてナポレオンが生産を奨励したのも、オリエント馬だった。フランスで馬産をするために、なにも敵国の馬を繁殖に使う必要はない。イギリスはアラブをもとにイギリス純血種（サラブレッド）を作ったなら、フランスもアラブを使ってフランス純血種を創り出せばよいのだ。速いだけでなく本当に強い馬、そんな理想の馬をフランスで生産することが可能だ、と信じたのがナポレオンだった。

愛好家による競馬と、国家行政による競馬と、ナポレオン時代からふたつが対立しはじめたのと同時に、馬種についても摩擦が起こりはじめた。愛好家はサラブレッド（イギリス種）を、国はアラブを推していた。

さんざん物議が醸された末、一八三八年になってようやくフランスでも政府刊のスタッドブックができあがった。スタッドブックとは、サラブレッドの血統を記した登録書である。イギリスでは一七九一年に初刊が出ている。

そのフランスの「サラブレッド登録書」なるものをひもといてみて、創立して間もない競馬協会（奨励会）のメンバーたちは怒り狂ったのであった。なんと、そこに載っていたのは、アラブ種、バルブ種、トルコ種、ペルシャ種だったのだ。そして付け足しのように、イギリス種のサラブレッドが載っていた。

どうしてこんなことになったのかというと、役所がオリエント馬を推していたことのほか、その正当性を裏付けるかのように、「サラブレッド」という言葉のフランス語訳が「ピュール・サン（pur sang 純粋な血）」だったからだ。文字通り、血の混じらない純粋なアラブ種、バルブ種……を登録したのだ。この考え方でいくと、サラブレッドはオリエント馬に純粋さで劣ることになる。交配によってできた種類なのだから。

これをどう扱うか、スタッドブックにはいったいどの馬を載せるのが正しいのか、これらはそう簡単には結論を出すことはできない、信条の対立のようなものでもある（＊）。

まず、シンボルとしての馬の役目がある。絶対王政末期のプリンスたちは、自分たちの高貴さの鑑としてイギリスの競走馬を愛したのだが、特権階級以外の者からすれば、血統をまず重んじるなど、とても受け入れられる思想ではなかった。そういった階層がオリエント馬を支持していた。するとオリエント馬は、血統ではなく自力で獲得した栄誉のシンボルとなった。

それに、キリスト教の教えからくる、イギリス競走馬の拒絶もあった。神のお創りになったものが最も美しく最も優れているはずだという考えである。神の創造物を人間があとから操作して変えたものは、必然的に劣っているはずだ。よって、サラブレッドは劣っていて、原型そのままであるオリエント馬は優れている。この考えは、古くなりつつあったとはいえ、まだ保守的な人たちの間では根強く支持されていた。

さらに、「良い馬とは軍馬に使えるギャロップ馬である」という考えも常識となり（ヴォワイエ侯に聞かせたい）、くつがえせるものではなくなっていた。良い軍馬を育てるために競走させるのであって、競走馬を育てるために競走させるのではないのである。役所にとって「馬種改良」は「軍馬の改良」のことを指していた。

それにまた、役所側がオリエント馬を推したもしかすると最大の理由には、購入価格の面でお手頃だったということがある。もちろん、ナポレオンの忘れ形見としてアラブを推したいというのもあっただろう。

エジプト遠征で砂漠の騎兵の優性とアラブ馬のすばらしさを思い知ったナポレオンは、その後エジプトから多数の馬を取り寄せた。**マレンゴ**のような馬がもっと欲しいと思ったのだろう。この時の馬もほとんどは戦地という墓場送りになってしまうのだが、残った馬で血統研究の試みも始められていた。その成功の形が、「アングロ・アラブ」である。一八四〇年頃にこの名称が正式に採用されたそうなので、ナポレオンは知らなかったはずである。

ヴォワイエ侯はサラブレッドとヨークシャー種のかけ合わせによりフランス純血種の創成を試

みた。ナポレオンはアラブ種とフランス在来種のかけ合わせを推進した。彼らの試みは結果的に、サラブレッドとアラブのかけ合わせへと出口を見つけることになったのだ。

アングロ・アラブの特徴は、サラブレッドの速さの上にアラブの強靭さ、扱いやすさなどの長所を備えていること、そしてアラブの小さいという欠点がサラブレッドによって補われたことにある。フランス独自の強い馬を追求して行き着いたのは、「アングロ（イングリッシュ）＋アラビアン＝純粋フレンチ」という、オリジナルな公式だった。イギリスはサラブレッドを作った。フランスはアングロ・アラブを作った。フランスが前世紀から探索していた「独自のサラブレッド（純血種）」は結果的にこの馬だったのだ。

しかし、この馬は軍馬としては良いかもしれないが、競走馬としては格が落ちるのではないか。そう早合点しそうだが、これがそうでもなかった。速かった。アングロ・アラブは、とても速かったのだ。信条の対立に白黒つけるには、本来レースで結果を見たらよいのだ。が、本当に競馬界で残っていくべき馬種は、もうすでに誰の心の中でも決まっていたのだ……。

実際のレース結果は、アラブの血を引く「フランス独自の純血種」に軍配が上がったのである。国立牧場産のアングロ・アラブには、グラン・プリなど政府主催の主要レースで勝利を勝ち取る英雄が続出して、サラブレッドを推す側を歯ぎしりさせた。国が作った馬が国のレースに勝つなんて。民間が主催するレースには、サラブレッド派が唯一のスタッドブックと認めているイギリスの『ジェネラルスタッドブック』に登録されている馬しか出走することができなかった（一八五〇年まで)。

アングロ・アラブ種の始祖となったアラブ馬の一頭に、**マスード**という種牡馬がいる。**マスード**なくして、今日のアングロ・アラブはありえない。一八一五年生まれ、一八二〇年にシリアからフランスへ入った。この馬とサラブレッドを交配して生まれた牝馬に、さらにサラブレッドをかけあわせて生まれた牝馬**アガール**(三五年王の賞)、牡馬**エイロー**(三八年グラン・プリ)らが、フランス競馬界に革命を起こしたと言ってもよい。生粋のイギリス名馬に並んで、その上を行き、勝利をつかんだのだ。

あまりにも国立牧場産馬のレース成績は良かった。良すぎた。これでは個人の牧場、民間の馬産が振るわなくなってしまうのではないかという問題が起こるほどだった。

このあたりが、国の積極的なレース介入の終わりとなる(**＊＊**)。そろそろ、生産は民間に任せるべき時に来ていた。国立牧場からのレース出走ももう必要ないだろう。「フランス独自の純血種」の創成に至ったのだから、役目は終えただろう。こうして、国立牧場の繁殖牝馬は売りに出され、種牡馬牧場としての機能だけに集中されていく。

十九世紀フランスを起源とするフランスの誇り、アングロ・アラブは、現在は特に馬術競技で活躍している。


一八四〇年、ちょうどアングロ・アラブという名称が正式採用されたころ、ナポレオンの遺灰がセント＝ヘレナ島からはるばるパリに到着するという大イベントがあった。フランスは英雄ブームに沸きあがり、馬についても再びアラブ種の価値が見直されることになった。

アラブ馬の血は「革命を起こした民衆の血」であり、「帝国を築いた英雄の血」でもあり、人々はそこにまさにフランスの魂を見出していた。この砂漠の英雄、アラブ馬。これこそフランス精神の鑑である、と。ナポレオンは無念を残して死んだからこそ、その魂が後世にも生きたのだ。

＊現代では、それぞれの馬種にそれぞれのスタッドブックがある。

＊＊国が管轄権限を正式に放棄して民間派に任せるのは一八六六年のこと。その二十五年後、ギャンブル要素が大きくなってきたことにより、協会は農業省の管轄下に入る。

プリンスたちのその後

かくして、ナポレオン帝国は崩壊し、フランスではブルボン家の王様がまたもや政権の座に返り咲く。

一八一四年、王政復古。あの三兄弟の次男、プロヴァンス伯が二十三年間の亡命生活の後にフランスに帰ってくる。そしてルイ十八世となって実権を握るのだが、治めるべきこの国は、戦争の大きな傷を負ったままだった。経済はガタガタ、あらゆる産業が打撃を受けていた。馬不足は相変わらずだが、ほかにも立て直すことは山とあった。

新しい王様は一念奮起して、増税などに尽力し、民衆にひどく嫌われた……。

競馬に関してはそれでも、数年間忘れられていたシャン・ド・マルスでの開催を再開させるところまで漕ぎ着けたのだ。一八一九年から〈王国賞〉という名称のレースが競われた。シリアに遣者を送ってあの**マスード**を含めた種牡馬をとりよせたのも、この王様の治世だった。

王政が復活したところで、それまでイギリスなどに亡命していた旧体制派、王統派の貴族がフランスに帰ってきた。同時にイギリス人もフランスに居を構える貴族が数を増した。彼らが、さまざまなイギリスの習慣を持ち込んだ。

彼らの生活に必要だったのは、イギリス種の馬だった。軽くて、軽快に馬車を引くことのできる馬。これは競走馬ではないが、イギリス製のしゃれた馬車を引くのには、イギリス種のスマートな馬が望まれたのだ。これにより、軽種の需要が高まっていく。

王政復古期の第二代目の王様が、あのアルトワ伯だった（一八二四年から）。超王党派のアルトワ伯爵。短い第二幕目の出し物を終えて、本番の競馬史第三幕目が、このシャルル十世の即位とともにはじまる。

兄王が亡くなって後を継いだ末弟は（ルイ十八世には子供がなかった）、もう六十七歳。今だと引退を考えるような歳だが、とんでもない、元気いっぱいだった。競馬のことではさっそく〈アルトワ賞〉と〈アングーレム賞〉というレースを創った。〈アルトワ賞〉は自分が、〈アングーレム賞〉は息子のアングーレム公爵が賞金を与える、というものだった。

この企画は兄王が亡くなる前に決定されていたのでこういう名称だったのだが、その翌年に自分が王座を得てからは〈王の賞〉〈王太子の賞〉と改名した。若かりしころ一度は見切りをつけたのだったが、この年齢になって競馬へのパッションが再燃したようだ。

たしかに、この競馬大好き王様の統治時代には、レースもかなりのところまで復活したのだ。個人間の賭け勝負は、大革命前のころの流行をとり戻し、サブロンで四、五十年前になされていたのと同じ界隈、ブーローニュの森に、愛好家が集まるようになっていた。

そしてやはり大革命時と同じようにして、政治は市民の不満をつのらせ、蜂起が起こる。一八三〇年、七月革命の勃発である。シャルル十世＝アルトワ伯の政治は、間違いの連続でしかなかったという。

またしても国外へ逃亡するシャルル十世。今回はもう齢七十三を迎えている。彼はそれから六年後、フランスへ帰ることなくコレラにて他界する。

七月革命で「フランス国民の王」としてあらたに担ぎ出されたのは、なんと、かのオルレアン公（元シャルトル公）の息子、ルイ＝フィリップであった。アルトワ対シャルトルの対決は、終ってはいなかったのだ。長いこと欲していた王の座を、シャルトル公は次世代勝負で手にしたのだ。王手、か。

オルレアン公自身は最後にどうなったのかというと、ギロチン台送りだった。従兄弟にして正統国王だったルイ十六世をギロチンにかけることに成功した一七九三年の年が暮れぬうちに、人を呪わば穴二つ、自分も死刑の身となった。三部会では市民の味方をし、国民公会では議員に選出されて「フィリップ平等」とまで呼ばれて、なかなか支持を得ていたのに。

この突然の死刑の理由は、後に国民の王となる息子ルイ＝フィリップが、革命戦争中に窮地に追い込まれて敵軍に寝返ったことだったらしい。革命派として戦ってはきたのだけれど、この許されない一度の裏切り行為は、なんと父親を身代わりにギロチン台へ運ばせることになってしまったのだ。

裏切り者本人は、フランスへ帰ればつるし上げの末にやはりギロチンは免れない、というので、国外のあちこちでほとぼりが冷めるのを待っていた。これがパリへ戻ってしばらくすれば、王様になるのだから。

とはいえ、アルトワ伯にしろオルレアン公にしろ、両人とも、もしもルイ十六世の子、シャルル王子（ルイ十七世）が生きていたなら、次世代勝負はまた違ったようについていたのだ。

ルイ十六世の次の正統王位継承権を持っていたシャルル王子は、両親らと牢獄に幽閉されてから、十歳で獄中死したとされた。が、じつは逃亡して生き延びたのだという噂がどこからか流れ出た。生きていれば、王政復古の年には二十九歳になっている。若さあふれる希望に満ちた王様になれたはずなのだ。

遺体を調べたときの推定年齢もずれていたし、死んだ王子は替え玉ではなかったのか、と言う者が出てきた。王子の生きていた頃の身長にしては、棺のサイズもかなり大きかった。付添人だった者の行動を振り返ると不審なことばかりだった。……などなどの要因や、おそらくは人々の希望や夢が、「生きている」という説を飛躍させつづけた。

そうして、長きにわたって偽ルイ十七世が多数出現することになった。

一八三三年には、この人物こそ本物にちがいないと、オランダとイギリスが正式に承認する件も発生した。シャルル・ノンドルフと名乗るその男は、様々な証拠の品を所持していた。実際に王子の乳母をしていた者も含め、彼は本物だと証言する人も相次いだ。だが、フランスでは、このシャルルが本物のルイ十七世であると承認されることはついになかった。

革命の騒動で行方知れずとなった**キングペピン**が、似たような状況である。各馬がどこに行ったのかははっきりしないが、ほかの王立牧場の競走馬も含めてイギリス種が国内に散らばったのは事実で、その馬たちが無名となったまま子孫を残したのも事実なのだ。実際、その後在来種の中に改良されたと思われる馬が多数出ている。

しかし、ルイ十七世に関しては、二世紀もが経過した二〇〇三年、彼の遺体（心臓が保存されていた）とマリー＝アントワネットの遺髪とのDNA鑑定が行われて、牢獄で亡くなった十歳の子供は本人であったことが証明された。

シャルル・ノンドルフには子孫がいるのだが、彼らはずっと、自分たちは正統王家の末裔であると信じていたそうだ。固唾を呑んで鑑定の結果を待っていたことだろう。王家の末裔と詐欺師の子孫ではずいぶんな差だ。もはや夢も希望もない。時代はやっぱり変わったのだ。ページをめくらなくてはならない。

第六章

ダンディの鑑、フレンチタータフの父

ロマン主義のパリにて

十九世紀のパリ、ロマン主義と産業革命のパリ。華麗で猥雑で、騒々しいパリ。

一八三〇年には「国民の王様」としてルイ＝フィリップが即位した（七月王政）。でも国の主役はもはや王様ではない。国民なのだ。もっと言ってしまえば、お金を持った国民なのだ。ここに、いよいよ新興の富裕階層、我らがダンディたちの誕生とあいなる。

上流階級の享楽の場がパレ・ロワイヤルからグラン・ブールヴァールへと移り、有名カフェ・レストランが大盛況となったころである。グラン・ブールヴァールは、マドレーヌ寺院から今のオペラ・ガルニエ座の前を通り、パリ東部へと伸びていく大通りの界隈。まだ首都大改造がなされる前のことで、広い通りには緑の木立が美しく、うるわしい装いの男女が散歩のひとときを過ごす場所だった。

カフェテラスには、伊達男がのんびりと腰かけて、馬車の上の娘たちに挨拶をおくる。気取った娘たちは、白いタフタの日傘を振って応える。女神のような美しさの女の中には、高級娼婦もいる。紳士淑女の誰もがお互いのファッションを見くらべ、粋を競っているのだ。

基準はイギリス趣味だった。「アングロマニア」は白い目ではなく、羨望の目で見られるようになっていた。とくに粋な伊達男は「ファッショナブル」だとか「ダンディ」だとか、英語を使って呼ばれてもてはやされた。誰が一番イギリス的にしゃれているか、誰が一番エキセントリックなことをできるか、誰が一番きつい冗談を言えるか、そんなことが、きらびやかな社交界のダンディとしては何事にも代えられない大事な作法だった。「エキセントリック」はほとんど褒め言葉になった。

ずいぶんご時勢も変わったものだ。イギリスから帰ってきた王党派が流行を作ったとはいっても、どうしてここまでイギリス趣味がもてはやされなくてはならないのか。みんなが王党派でもあるまいし。

フランス人は遅れに気がついたのだ。それまでの国家の歩み方は、英仏でずいぶん違っていた。自由主義者がイギリスの政治体制を良しとしていたのは、イギリスは進んでいたからなのだ。フランス革命が起こる一世紀も前に、イギリスは二度の大きな市民革命を体験していた。フランスでこの頃にやっと始まる産業革命は、イギリスでは七十年も前に幕を上げていた。

フランスで第一回ダービーが催されるのは、「馬種改良のための奨励会」成立の三年後、イギリスより五十六年遅れた一八三六年のこと。市民革命、産業革命、第一回ダービーと、遅れの年数を並べてみると、何はともあれ差は一世紀、七十年、五十六年、と、確実に縮まっているのも事実ではある。

でも、気質というのはまたぜんぜん別問題で、同じことをまったく違う精神でやっているのが、今も昔も英仏の関係を面白くしている。フランスではこの七月王政時代、若く騒々しくエキセントリックなダンディたちの間で、競馬が人気の娯楽となった。

さて、そのブールヴァールに面したカフェには、当代のパリの名士たち、セレブリテの面々が集っていた。著名なダンディや金融業界のやり手、貴族の子息、芸術家や文人たち……。彼らは昼間からここに集い、それからブーローニュのほうへ散策に出かけて話題の競馬を見物し、また夕べのひとときを過ごしにここに戻ってくる。

カフェでは、個人邸宅のサロンを思わせる贅を尽くした美術品や調度品に囲まれて、自宅のようにくつろげる。公衆の店なので招待されずとも入れるけれど、それなりの社会的地位を持つ者が、それなりの服装を整えてのみ、敷居をまたぐ勇気がわくところなのだ。最新モードの高級な手袋やステッキを家に忘れてくれば、出直してこよう、と思わせるようなところなのだ。

そんなところに集まって何をしているかと思いきや、噂話や自慢話、ゲームやらである。カフェ・レストランであるから食事は用件のひとつではあるけれど、何より、社交なのである。

噂話とは、つまり情報収集である。この点でカフェはほかの何より便利な場所だった。「情報」というのは、新しい劇場の出し物のことなどのほか、「あそこの娘はついにどこぞに嫁に出た」とか、「某男爵は馬鹿らしい賭けをして負けた」とか、「某夫人はまたひどく滑稽な帽子を作らせた」などの社交界ニュース。「馬車売りたし、新品同様」などの三行広告も貼りだしてある。

それにこうしたカフェは、有名人のリアリティーショーが生で見られる舞台でもあった。中でも最も有名なのは、イタリアン大通り二十二番地のカフェ・トルトーニ。その通り向い、テブー通りとの角にあるカフェ・ド・パリもいいとこ勝負だ。


ある日の社交界の様子。

オペラ鑑賞は社交上の欠かせない課目のひとつだが、つまらない時はつまらない。一人のダンディが、とても見ていられなくて途中で席を立って外に出てみると、いつ降りだしたのか、どしゃぶりの雨になっていた。そこで良いことを思い付いた。

彼はボーイを呼んで、劇場の前に並んでいる馬車タクシーの列へと走らせ、車を一台残らず予約した。料金はもちろん全車とも前払いした。

席へ戻って、ニヤニヤとしながら時間をやり過ごす。

さてとオペラがはねてみれば、一張羅を身にまとった紳士淑女のずぶぬれ姿という、下手なオペラよりも数倍面白いスペクタクルにお目にかかれることとなる……。

そういう出来事を、翌日なじみのカフェへ行って、仲間連中に語って聞かすのだ。みんなで大笑いして、最高級のシャンパンを開け、豪華な食事を何皿も腹に入れ、マルティニーク島のフルーツを食べ、キューバ島の葉巻をくゆらせる。

すると暑くなってきたと言って、靴の中に氷を入れてみる。そしてまた大笑い。明日はまたどんな面白いことがあるだろう。ひとつ何かしでかしてやろうか。

そんな人たちの間で、こんな舞台の上で、フランスの競馬人サークルは誕生するのだ。イギリスのジョッキークラブに比べてみれば、いやはや、たいへんな相違にちがいない。あちらでは、とても真面目な、厳かな空気が漂っていたものらしい。

フランス人に言わせれば、イギリス人というのは「すべてのことにかけてごまかしを交えてうやむやにするくせに、こと馬に関しては、何一つなおざりにするものはなく、真剣にとりくむ国民」なのだそうだ。

セイムール卿

世間を賑わすセレブリテの筆頭に、ヘンリー・セイムールという男がいた。

イギリス貴族の血を引く大金持ちで、ムキムキのボディビルダーで、乗馬や射撃に長けたスポーツマンで、絵画や葉巻のコレクションをしていて、エキセントリックで、賭け事が大好きで、冷酷で気難しくて、気前が良い。毎日のように新聞のゴシップ欄に名を見かけるその男は、要するに、「別世界のミステリアスなダンディ」で鳴らしていた。

セイムール卿は、政治家でもないし事業家でもないし、芸能人でもない。しかし、それら全部の肩書きに匹敵するくらいの「ダンディ」だった。ダンディの模範が彼であったと言っても良い。

しかし、そもそも、「ダンディ」とはいったい何なのか。イギリスかぶれの大金持ちの伊達男、とでも言えば外見のイメージはかなり近いが、まだまだ足りない。馬を愛し馬術に長けていることは条件に入りそうだし、冒険好きな、どこか少年めいた面を持つというのも入れてみたい。「ダンディのすばらしさを生み出すのは、すべてが整理分類されたこの世の中で、定義のしようがないということなのだ」と言った人もあった。

世を騒がすセレブリテ作りには、当時流行りだした新聞というのが、少なからず力を貸した。記事自体の真偽に不確かなものがあるというのはさておいても、反響は予想を上回った。まだ写真がないので、想像力が働くから、よけいだ。

友人知人関係にある者以外にとって、セイムール卿のような人は、顔は知らないけれど、とにかくものすごい人物、ということになる。よって、ミステリアス。このものすごさは、現代のように顔の知られるものすごさを上回るかもしれない。概して、想像は現実よりもものすごい。この男についたあだ名は、「ならず者閣下」というものだった。「ならず者閣下」のイメージは大きく膨らみ、派手に彩色されて、本人の意思とはまったく関係なしに天下をとった。

では、何が新聞のゴシップ欄に載っているのかといえば、現代の大衆雑誌とたいして変わりない、有名人のスキャンダルやら、私生活やら。

「ならず者閣下がとっぴな賭け事にとっぴな金額を出した」

「ならず者閣下がまたもや決闘騒ぎを起こした」

「ならず者閣下が昨日のカーニバルに現れた」

「ならず者閣下が涙を誘う慈善行為をした」などなど。

世の人々は、セイムール卿の話題を知って、それについて語りたかったのだ。もしも一目見たことがあれば自慢したかったし、街で偶然出会ったなら握手を求めてみたかった。少し離れたところに姿が見えれば、大声で呼んでみたかった。

どういう人なのか顔を見てみたければ、かの有名店カフェ・ド・パリへ行けばよい。自分用にテーブルを年間予約してあるから、ほぼ毎日そこにいる。

セイムール卿は、そのカフェの上階に住んでいる。建物が、彼の母親の所有物件なのだ。あのカフェ・ド・パリは、彼らの店子なのだ。


「フレンチタープの父」と呼ばれることになるヘンリー・セイムール卿が生まれたのは、一八〇五年一月十八日。……だがまずその前に、大金持ちの母親であるヤーモス夫人、後のハートフォード侯爵夫人の生い立ちを知っておくべきだ。

レディ・ヤーモスのさらに母親は、イタリアの美女ファニャーニ侯爵夫人。だが父親はファニャーニ侯爵ではない。夫妻がイギリスに滞在中、夫人が浮気をしてできた子供だった。夫人は、ミラノの大富豪である侯爵と結婚する前、オペラで歌手や踊り子をしていたという、元気が良くて気の多い女性だったのだ。

浮気でできた子、は良いとしても、お付き合いしていたイギリス紳士は二人いて、どちらの子供かはっきりしない。その二人の紳士はといえば、二人とも子供の誕生に歓喜して、自分こそ父親だと言い張った。一人はジョージ・セルウィン、もう一人はマーチ卿といい、大富豪であるこの二人は友人同士でもあった。

マーチ卿は、後にクイーンズベリー公となる人物である。クイーンズベリー公とは、そう、一七八三年の秋に、アルトワ伯やシャルトル公をフォンテーヌブローでこてんぱんに打ちのめした、イギリスの馬主の一人だ……。ということは、「フレンチターフの曾おじいさん」に、あの時プリンスたちはやられたことになる。

とにかく、ファニャーニ夫妻の承諾を困難のすえに獲得して、セルウィンが子供の親権を得ることになった。マーチ卿は信頼する友人にゆずったかたちだ。愛情こめて育てた娘が二十歳になるころセルウィンは亡くなり、全財産がその娘に相続される。

その後マーチ卿は友人の後をひきつぎ、若く美しい娘を見守って、二十七歳でヤーモス卿に嫁がせる。クイーンズベリー公と呼ばれるようになったマーチ卿は、娘が三十九歳の時に帰らぬ人となり、やはり全財産をその娘に相続させた。

これが、二人の父親を持ったレディ・ヤーモス、ハートフォード侯爵夫人の財産の成り立ちである。まるでお伽《とぎ》話のよう。

一八〇三年、ヤーモス夫妻はロンドンを抜け出て、花の都パリに居を構えていた。貴族や政治家のサロンに招かれて、パリの社交界を満喫していたところ、またもや英仏戦争が再開して、フランス国内のイギリス人が逮捕されてしまう。逮捕は男性のみで、パリから遠い街に強制移動させられるのだ。

そういうわけで、イギリス美女ヤーモス夫人は花の都で一人、フランス男に囲まれることになってしまったのだった。深い関係になったのが、当時のやり手の政治家タレイランの腹心の一人、モンロン伯爵だった。そしてヘンリーが生まれる。

モンロン伯爵は、繊細でエスプリあふれる美貌の紳士で、「総裁政府時代のローザン公」ともたとえられるほど、色恋のことでは浮名を流していた。彼はヤーモス卿とも友人同士になるのだが、ヤーモス夫人とは喧嘩別れという感じで憎しみ合うようになってしまい、息子ヘンリーも、よって実の父親のいない人生を送る。

ヘンリーはまた、戸籍上の父ヤーモス卿からもひどく怪訝に扱われて、後になって息子として認知しないという訴訟まで起こされた。ヤーモス卿は、遺言に、ヘンリーには財産のうち金一シリング（千五百円程度）を与える、と書いていた。

ヤーモス卿は、ヘンリー誕生の翌年あたりから一人でロンドンで暮らすことが多くなり、次第に政治の方面に没頭しはじめる。一八二二年にその父、二代目ハートフォード侯爵が亡くなると、彼が三代目を名乗ることとなり、貴族院議員のポストも受け継ぎ、ますますロンドンから離れなくなる。

ヘンリーがイギリスへ渡ったのは生涯にたった一度、暴動中のパリを逃れてヤーモス卿のシーモア＝コンウェイ家を訪れ、そこで門前払いを食った時だけだという。いや、門前までも行っていない、英仏海峡を渡ってはいない、という説もあるくらいだ。

それでも、戸籍上は彼はイギリス人なのだ。だからイギリスかぶれしていても、それはいわゆる外国かぶれではない。だが実際には、セイムール（英語の発音でシーモア）という名前だけが、彼をイギリスのオリジンにつないでいる細い絆なのだ。シーモア＝コンウェイ家はイギリス貴族の旧家だが、セイムール卿をダンディならしめる財産は、すべて母親経由である。

お互いが私生児同士の母子は、母が亡くなる時まで強い愛情で結ばれていた。

ヤーモス夫人に父親が二人いたと言うなら、セイムール卿には父親は一人もいなかった、と言えるだろう。

真面目に遊ぶダンディ

ルイ十八世が一八一九年にシャン・ド・マルスでの競馬を再開し、シャルル十世の統治下ではすでに、ブーローニュの森で愛好家によるレースが再び盛況になっていたのを思い出していただきたい。

セイムール卿の名前を競馬のことで聞くようになるのは、一八二七年ごろからである。ダンディの集いの場ブーローニュで、個人間のマッチレースやステークスに参加を重ねつつ、二九年、三一年、三二年には公式レース〈王国賞〉で優勝を果たす。

二八年からは連続で、リーディングオーナー（年間レース成績が首位の馬主）として二番手を大きく引き離し名を馳せていた。三二年にはサブロンに立派な厩舎を作って話題となった。そこにはイギリスの良馬を揃えており、調教師も騎手もイギリスから呼んできた凄腕だった。

種牡馬を探している他の生産者たちの間でも、セイムール卿の馬はすばらしい血統馬だという評判が広まっていた。自分の厩舎馬の血を伝えるのは、競馬人として自負のあるセイムール卿にとっても本望である。まもなく彼のサラブレッドは、レースだけでなく牧場でも活躍するようになる。

この頃、良い種牡馬といえば国立牧場かセイムール卿の牧場の馬と、おのずと相場が決まるようになったほどだ。サラブレッドの血が欲しければ、他にはイギリスに行って種付けするという選択しかなかった。

「フレンチターフの父」と彼が呼ばれるのは、競馬協会の初代会長を務めたという肩書きのためだけではない。むしろそれよりも、フランス産サラブレッドの生産をこの時代に率先して行った第一人者だった、という功績のほうが大きい。彼がイギリスからとりよせた馬で交配を行って生産したフレンチサラブレッドの血が、今でも受け継がれている。

父のいないダンディは、優秀な血を配合して仔馬をつくり、その馬が栄光をつかむたび、どんなことを思ったのだろう。セイムール卿の馬の子孫は、そのまま彼の子孫のような存在だ。

セイムール卿が王国賞を獲得する前の六年間のうちの五回、この賞をたて続けにかっさらっていたのが、ギーシュ公爵という人だった。

ギーシュ公爵という個人の名前になっているが、じつはこの厩舎の本当の持ち主は王家だった(正確にはシャルル十世の息子アングーレム公爵)。旧体制下であれだけひんしゅくを買っておいて、王政復古になってまた馬主をやっているのは、やっぱりいただけない。馬のことは強い者に任せて、様子をみていたのだ。

ギーシュ公は強堅なサラブレッド派で、アラブが流行になりつつあるときにもずっと、イギリス馬を推していた。この方針は大正解で、このころ彼のところに並ぶことのできる厩舎はなかった。が、それもセイムール卿が出てくるまでの話で、それに七月革命が起きると彼も王家と一緒に逃げなくてはならなくなる。

ギーシュ公の生み出した最強馬は、**ヴィットリア**(一二三年生、鹿毛の牝、父**ミルトン**、母**ジェアヌ**)である。二八年の王国賞の優勝馬。この馬が、フランス産サラブレッドとしてイギリス産馬を制した第一頭目ということになる。

とにもかくにも、**ヴィットリア**が歴史に残る強馬であることが証明されたのは、ならず者閣下の「自分の敗北を絶対に認めたくない」という曲がった根性のおかげだった。次々とイギリスの有名優勝馬を手に入れては、**ヴィットリア**に挑戦状をたたきつけたのだ。

二八年の王国賞に敗れたセイムール卿は、まずはイギリスから**リンクボーイ**という駿馬《しゅんめ》をとりよせて、**ヴィットリア**との再戦に挑む。イギリス馬は負けた。

怒ったセイムール卿は、もう一度イギリスから、今度は二七年の二千ギニー賞の優勝馬、**ターコマン**を手に入れて、挑戦状をつきつけた。このマッチレースは一八二八年十月十五日にシャン・ド・マルスで行われた。

華やかなセレブリテたちが興味津々に集まっている。こんなに話題になっている催しものを見逃すわけにはいかない。二人の賭け金は五千フラン（約五百万円）にものぼるそうだ。

ヴィットリアを先頭に、二頭は軽快に走り出した。**ターコマン**は追い抜こうとはせず、ぴったりとついていった。二〇〇〇ｍのコースを二周する。あと三分の一周というところに来たら、追い込みをかけるつもりなのだ。

だが、**ヴィットリア**はまるで羽でも生えたかのように、その軽い走りぶりを発揮する。**ターコマン**は追い抜くどころか、二馬身以上の差をつけられて、破れた。

セイムール卿の負けん気は、こんな敗北ではおさまらない。**ヴィットリア**は牝馬だから、重量を軽くされているのだ。

「もう一度、その差をなくして年齢だけによる重量差とし、勝負してみようではありませんか。距離はお好きに決めてください。今度は賭け金を五倍にして二万五千フラン（約二千五百万円）

としましょう」

粘り強いと言おうかしつこいと言おうか。悪い性格と噂されるのももっともだ。しかしその執拗さこそ、競馬人の代表的性格なのだ。

残念なことに、ギーシュ公はこの時ある野営地で騎兵隊の指揮をとっているところで、返答が遅れてしまった。返事は「受けて立つ」だったのだが、その間にしびれを切らしたセイムール卿は、**ターコマン**の良い買い手がいたので、売却してしまったのだ。

イギリスにも**ヴィットリア**の評判は届いていた。

「あの最後のレースは、勝てないからこそ辞退したのだ」

「フランス馬としては速いのだろうけど、イギリス馬に優るわけがない。だいいち、**ターコマン**などたいした馬ではないのだ」

というのが、英国スポーツ紙のコメントだった。二千ギニー優勝馬をつかまえて、「たいした馬ではない」と。イギリスはまだまだ、フランスの生産者の未来を見越していなかった。

とはいえ、優秀な生産者が続いてくるのはもう数年先のことで、この時点では、ギーシュ公やセイムール卿、それにリウセックという男を除いては、実際にいまひとつだった。リウセックは、ナポレオン時代から国の厩舎に馬を納入してきた有能な馬産家である。サラブレッドの育成はなかなかフランスに根付かなかった。良い馬を手に入れたい若者たちは業を煮やしていた。

じつのところ、ダンディたちは、絶対王政下のプリンスたちがそうだったように、サラブレッドを自分たちの身分に重ねて見ていたのだ。優秀で美しい、そのへんのありふれた馬とは違う、見栄えの良い、誰もがうらやむ存在。保証された血筋。恵まれた才能。それがサラブレッドであり、自分自身あるいは自分の理想である、と。

彼らの欲した馬は、競走馬だけに限らなかった。馬車に使う馬もイギリス種が欲しかった。流行の粋な馬車に、自分のステータスシンボルとなるような馬をつなぎたかった。そのためには、サラブレッドを種牡馬にして半血種馬を生産すればよいのだが、そのサラブレッドが国内には数少ないのだ。この頃、フランスは年間に一万五千から二万頭の軽種馬を外国から買っていて、二千から三千頭の重種馬を輸出していた。いかに軽い馬が足りなかったか。

サラブレッドを育てるのには、馬車馬よりもはるかに、資金も時間も技術も必要だ。そんなに骨を折らずとも、既製品をイギリスで買ってくれれば良いじゃないか。そんな考えだから、国内の育成がはかどらなかった。そういう姿勢が続いていては、いつまで経ってもこの状況は変わりばえしないだろう。フランスの生産牧場には重種ばかりが増え、軽種はこれからも輸入するしか手に入れる道がないのだろう。

馬産奨励のためのレースとやらは、いったいどうなっているのだ。フランスで国が賞金を出して行っているあの貧相な競走を見ていると、情けなくなってくる。ノルマン種とか、リムーザン種とかが優勝しているのだ。あれは競馬ではない。競馬とは、サラブレッドでやるものだ……。

「何とかしなくてはならない」

パリに住むイギリス人で、トマス・ブライオンという変わり者が、競馬協会の前身のような会を創っていた。その名もずばり「競馬愛好家の会」という。ブライオンは、競馬界の「何でも屋」であり、フランスにイギリスのような競馬を根付かせるために、一人でありとあらゆることをやっていた。愛好家の会を創りミーティングを行い、スタッドブックを作成し、レーシングカレンダーを発行し、競馬場に移動スタンド席を運び……。フランス人から見たら、イギリス人というのは本当に変わっている。いやこの人は誰が見ても変わっている。彼の一途さと行動力に、セイムール卿も魅了されたに違いない。

他にも何人かの本当に馬と馬術を愛するダンディたちが、ついに自分たちで動き出した。ただの遊びで賭け勝負をしているわけではないのだ。ダンディの名誉を賭けて、真剣にやっているのだ。

一八三三年十一月十一日、こうして有志たちが席を同じくする。

「フランスにおける馬種改良のための奨励会」の、第一回会合である（この会が、現代に存続して競馬協会フランス・ガロとなる）。ブールヴァールより少し北に上ったブランシュ通りに、この頃ダンディたちの集まる射的場があった。そこのサロンの一室で、奨励会は誕生した。ブライオンは書記の役を務めた。

発足時の構成員、十三名は次のとおり。

会長　セイムール卿

副会長　リウセック（オーナーブリーダー）

他会員　モスコヴァ大公（帝国元帥ネイの長男）、マクシム・カッシア（イタリア系銀行家）、ファケル（大農家、オーナーブリーダー）、ド・ノルマンディ（旧家の貴族）、エルネスト・ル・ロワ（馬の識者）、カジミール・ドゥラマール（銀行事業家）、シャルル・ラフィット（銀行事業家）、アナトール・ドゥミドフ伯爵（ロシア系貴族）、マシャド騎士（ポルトガル系貴族）、カンビ伯爵（オルレアン公フェルディナンの厩舎長）

名誉会員　オルレアン公フェルディナン（ルイ＝フィリップ王の長男）

国立の牧場でもアラブ種などを使って軽種の生産に力を入れているところではあったが、イギリス種はこの奨励会の活動がなくては増えてはこなかった。奨励会と国とは互いに協力しつつ、同時に摩擦も起こしつつ、生産とレース体系の基礎を築いていく。一八三〇年代から四〇年代にかけて、フランスでは民と公の二本立てでそれらが進む。

奨励会による初めてのレースは、翌一八三四年の五月にシャン・ド・マルスで行われた。もっとも、サラブレッドのレースを奨励する会とはいっても、初めてのレースでサラブレッドがそんなに存在するわけがない。三日間の開催で七レースを催したうち、一レースのみがサラブレッドによる競走だった。四つのレースをリウセックが勝ち取った。

この七月王政期のシャン・ド・マルスでの競馬の様子を、小説家フロベールが『感情教育』の中に書き残している。ダンディたちが晴れの舞台にちょっぴり気張って繰り出しているのが分かる。

……トロカデロを右にしてイエナ橋をわたると、シャン・ド・マルスのまんなかに来てもうすでに競馬場の中に並んでいるほかの馬車のそばで止まった。

芝生の斜面は下層の人々で埋められていた。陸軍大学の露台の上にも見物人がいる。体重検査所の外の二つのテント、囲いの中の二つの観覧席、それと王室席の前のも一つとは着飾った群集でいっぱいだ。その人たちの態度はまだ新しいこの娯楽に何か敬意をよせていることを示していた。当時は競馬の観衆は今より特殊の人たちに限られていただけにようすはもっと上品だった。スピーとか、ビロードの襟、白手袋などを用いた時代である。女は華美な色彩とりどりに、長い着物をつけて観覧席の段に腰かけたところは大きな花の茂みのように見え、ところどころを男の黒い服が点綴している。(…略…)ジョケー・クラブの席はもっぱら生真面目な風貌の紳士方ばかり集めている。(生島遼一訳、岩波文庫)

スピーとは何か、ご存知だろうか。これはスー・ピエ(sous-pied)のことで、ズボンやタイツがずり上がらないよう、裾から足の裏に通すバンドのようなもの、いわゆるアンダーストラップである。当時のダンディのモードであって、セイムール卿などもこれを使っていたに違いない。この節の少し後に、シャン・ド・マルスは馬場が悪いという話が出てくる。フロベールも知っていたのだ。それに、シャンティイのほうでやる競馬の日の騒ぎも、なかなか噂になっているらしい。

シャンティイへ、ピクニックに！

奨励会が初めてのレースを主催してからひと月あまりして、フランスのジョッキークラブが成立する。こちらも会長はセイムール卿である。

クラブ、またはサークルと呼ばれるこの会員制のシステムは、フランスではまだまだ目新しいもので、すでに存在している会はどれもが羨望の対象となっていた。新しく設立されればすぐにでも会員になりたいという野心家は後を絶たなかった。

そこへ、なんとも格好の良いジョッキークラブ。でもやはり誰でもというわけにはいかない。ウージェーヌ・シューは入れたのに、アルフレッド・ド・ミュッセはついに許可されなかった（両人とも有名な文人）。

「どうしろと言うんです。ミュッセは馬に乗れないのですよ。馬術を心得ない者をジョッキークラブへ入れろと？」と、精鋭エリート主義の会員は笑いとばす。

もっとも、シューにせよ、代母がナポレオンの最初のお妃ジョゼフィーヌでなかったなら、入れたかどうか分からない。生まれの他にもいろいろな基準がある。知名度や財産ぐあいは大事だが、それに加え、すでに会員になっている人物三名による推薦が必要で、それでも投票の際に六票に対し一票の反対票があれば、このエリート名簿に名前は並ばない。

閉鎖的でありながら会員は自分たちのステータスをオープンに誇示する、というのは逆説的だ。そしてそのステータスを独占しているからこそ誇りを持つ。では、閉じこもって何をしているのかといえば、大方のところはギャンブルらしいのである。馬券制度はまだないが、できてからも会員間の賭けは別物で、彼らは彼ら同士の間で信用により賭けをしていた。

カフェ・ド・パリはダンディの集いの場で、大衆にとっての憧れの場だ。だが、カフェ・ド・パリには、血筋や社会的地位がなくとも、お金があれば入れる。そこが、クラブとの違いなのだ。

このクラブの成立によって、奨励会の主催するレースの資金が集まった。もともとそのための、つまりレース資金を調達するためのクラブでもあるのだ。奨励会は、資金と同時に馬場を探していた。シャン・ド・マルスの地質の悪さは評判になっていたし、政府のレースと同じ場所というのも、いまいち箔がつかない。

そこで、シャンティイである。シャンティイはパリから馬車で片道三、四時間もかかる遠い場所なのだが、あそこの芝の柔らかさは捨てがたい魅力である。ではいっそのこと、わざわざ遠出して行う大イベントという呼び物にして、市や王家の援助もいただいてはどうか。

一八三〇年までブルボン家の分家であるコンデ家の所有だったシャンティイ城は、この時にはオーマール公が持ち主になっていた。オーマール公は、ルイ＝フィリップ王の第四男で、オルレアン公フェルディナンの末の弟である。オルレアン公は奨励会の名誉会員になるくらい競馬を奨励する立場をとっているので、話は早い。

こうして、シャン・ド・マルスでの開催を追いかけるようにして、シャンティイでも初めてのレースが催される。

この時二十四歳という若さのオルレアン公フェルディナンは、祖父のオルレアン公（あの、元シャルトル公）と同様、自由主義を良しとし、イギリスを高く評価していた。この若いプリンスがイギリスの王様のように競馬を奨励する姿は、民衆の目にも、自由な開けた体制であるという好印象を与えることにもなる。

それにしてもまったく、血は争えない。シャルトル公の孫、このオルレアン公は競走馬牧場の運営もしているのだ。ギーシュ公が七月革命でブルボン家の王室牧場を去った後、新しい王はこの牧場を長男のオルレアン公の私有物とした。そこで、厩舎長のカンビ伯と一緒に、馬産と競馬に自ら情熱をかける。宮廷内だけの催しでは民衆の不満の声が気になるところだが、競馬はいまや、民衆ともども楽しむ娯楽となりつつあるところだ。

そのオルレアン公やすぐ下の弟ヌムール公など、シャンティイの競馬開催には若いプリンスたちがお出ましになるというので、付近の住民たちがまたわんさと集まった。市としても大がかりな催しとして、レース賞金もひねり出して、はりきった。首都から、金持ちのダンディ、セレブリテの面々が、我が市にやってくるのだ。

パリからシャンティイまで来て日帰りはしないので、どこかに宿をとる。食事もどこかでとる。どんな小さな旅籠も、どんなみじめなレストランも、椅子一つとして空きはなくなった。普通の民家さえ、一部屋がたいそうな値段で宿泊に使われた。セイムール卿はなんと、田舎の一軒家を、昼食のためだけに千フラン（約百万円）という大金を出して借りて、またもや話の種になった。

シャンティイ開催が三年目を迎える時、第一回ジョッキークラブ賞が競われた。

一八三六年四月二十四日は、あいにくの曇り空で、今にも雨の降りだしそうな重たい空気だった。

それでも、新しい賞の記念すべき第一回にぜひとも参列しようという愛好家たちが、続々とパリから足をのばした。当時の新聞の伝えた様子はこうである。

ライオンたち（ブールヴァールのダンディたちはこう呼ばれていた）は、ロンドン仕立ての深緑色のルダンゴットを着て、ストーブの煙突のような帽子を深くかぶっている。軽快なチルビュリー馬車を操り、あるいはセイムール卿が流行らせたファエトン馬車を自ら御する。より格調を重んじる面々は、ランドー馬車かブリスカ馬車の中におさまっている。豪華なカレーシュが、羽飾り、花飾り、それに満面の笑顔を満載してやってきた。土地の男が馬にまたがって、自分のうしろに娘を乗せて、ポクポクと走りよってきた。娘はまるで舞踏会でも見にきたかのように興奮している。柳の木でできた長い車が次々に到着する。どの車も家族連れで満員だ。プリンスたちの入場にはファンファーレが鳴り響き、竜騎兵が出て人ごみを抑えている。あたり一帯の農家の者が、パリのきらびやかな一行を眺めにやってきているのだ……。

ダンディたちは、この年の流行、イギリスから入ったばかりの最新モードである「リトル・ステッキ」を手にしている。上着もチョッキもシングルの仕立てで、胸にはポケットチーフ。ズボンはヤギ毛で、グリーンと黒の極細ストライプ柄が粋だった。それにもちろん、ストーブの煙突、シルクハットがなくてはならない。

女性のモードは、光沢のあるダマスク風フォーラード地や、モスリンやジャコネットの薄綿、それにチェック柄の間に花をピンで留めてあるモアレタフタなど。スカートはつりがね型に鯨のひげで張ってあり、胴着はウエストにひだをよせて細く締め、袖は大きく膨らんだパフスリーブ……などなど。こういったお祭りは、ファッションを披露する機会でもあるのだ。

この日、見事に第一回仏ダービーの優勝に輝いたのは、セイムール卿のオレンジ色の勝負服に黒の帽子の騎手を乗せた**フランク**という馬だった。五頭出走した中の一番人気だった。良きライバル、一緒に奨励会を起こしたリウセックは、一年前にテロ事件の犠牲者となってもうこの世にいなかった。

大勢の観衆には、レースの面白さはよく分からなかった。それでもいいのだ。有名なセイムール卿の馬が勝ち、見たこともない華やかな世界を垣間見た、それだけで来た甲斐があったのだ。

シャンティイ競馬開催は、毎年の一大イベントとして定着した。城を王家がほかの貴族たちにも開放してくれたこともあって、祝祭がいよいよ華やかになった。三日間の開催があると、その前日から城で舞踏会や音楽会が催され、四日間連日のお祭り騒ぎとなる。城と、そのすぐ近くの大厩舎の建物が、たくさんの灯でイルミネーションを施され、花火が上がる。周囲の水辺では野外コンサートが行われて、パリの楽師たちがオペラを上演する。

パリからくりだす若者たちは、四日分の着替え、食料、飲み物、花、それにプライベートに雇った楽師たちを全部馬車に積んで移動してくる。あるいは後から届けさせる。高級娼婦まで連れてくる者もある。そうして昼間、競馬が始まるころには、草の上でピクニックである。着飾ったパリの紳士淑女たちが、春の空の下で賑やかにピクニックである。

彼らの馬車は、食料品店が一軒詰まっているのかと思うほど満載されていて、あちらの馬車、こちらの馬車と、招き、招かれ、はしごする輩も少なくない。そうなると、誰の馬が勝っても、誰が賭けに勝っても、ただラッパが鳴っただけでも、とにかくシャンパンで乾杯する。笑い声が止まらない。なによりシャンティイには、シャン・ド・マルスにはなかった美しい緑の芝があるのだ。

この解放感は、パリの社交界にとっていつまでも忘れがたいものになった。

トンティーヌ事件

第一回ジョッキークラブ賞は、セイムール卿が勝利をおさめて誰もが歓喜したのだったが、じつはこのとき、彼はもう奨励会の会長ではなかった。すでに前の年に、辞任していたのだ。

本当のところ、奨励会のレースをシャンティイで行うことにセイムール卿は反対だったし、ほかのことでも意見が対立したときに、自分の主張が通らないというのは、ならず者閣下にとっては我慢できないことだった。会の者が決めることは、なぜかいちいち自分の主義と食い違うのだ。イギリスの本当の競馬というのをフランス人は分かっていないのではないか。

「分かっていないのだ。分かっていたら、ジョッキークラブはもっと真面目な会になっているはずなのだ。イギリスのように！　それがフランス人ときたら、馬をいかに走らせるかよりも、どんな馬鹿騒ぎをしてやろうかということに頭を占められている！」

しかしここはフランスなのである。競馬人のクラブとはいえ、それよりもまずは社交場なのだ。独りよがりに耳を貸す者はいない。

「そろそろ潮時かもしれない。馬産は軌道にのったのだ。奨励会という組織はもはや動かしがたい大きな存在になっている。国も遅れをとるまいと、力を注いできている。私の馬たちは大量のサラブレッドの子孫を残している。私はもう手を引きたい……」

一八四〇年の春に、ジョッキークラブ賞は五回目を数える。それまでの四回のうち、三回の優勝をセイムール卿が握った。逃した一回は、カンビ伯、つまりオルレアン公が奪ったのだ。

《ジョッキークラブ賞優勝馬とオーナー》
一八三六年　**フランク**　セイムール卿
一八三七年　**リディア**　セイムール卿
一八三八年　**ヴァンドゥルディ**　セイムール卿
一八三九年　**ロミュリュス**　カンビ伯（セイムール卿の**ランタラ**が二着）
一八四〇年　**トンティーヌ**　ウージェーヌ・オーモン（セイムール卿の**ジェニー**が二着）
一八四一年　**ポエテス**　セイムール卿

自分のレース厩舎を売りに出して、さっぱり競馬界を後にしようとした矢先、カンビ伯にジョッキークラブ賞をやられて、有終の美で締めくくることができなくなってしまった。そこでもう少し続けようということにしたが、その翌年、今度はオーモンという聞きなれない名前のブリーダーに、してやられてしまったのだった。

オーモン家は大馬産地ノルマンディ地方の有力な地主だが、パリの競馬界に出てきてからは久しくなかった。そんなところの穴馬が、セイムール卿の人気馬を破って、仏ダービーを手にしたというのだ。しばらくこの話題は尾を引いた。

そして、あの時の優勝馬**トンティーヌ**はじつは替え馬だったという噂が巻き起こり、やがてセイムール卿の耳にも入ることになった。実際、これは根も葉もないことではなく、関係者筋から出た話だ。あれはフランス生まれの**トンティーヌ**ではなく、**ヘロディア**というイギリスから輸入されたばかりの牝馬だったのだと。厩務員までもそう証言しているのだ。

奨励会で調査委員会が組織され、裁定を行ったが、賞金や賭け金の支払いなどの問題があり、時間に追われて答えを急いだ。その答えとは、「証拠不十分なクレームであり、濡れ衣である」というものだった。あの**トンティーヌ**は本当に**トンティーヌ**だった、と。

苦虫をかまされたセイムール卿。こんな裁定の前で引き下がるわけにはいかない。なんとしたものか、といきり立つ矢先、オーモンのほうが、**ヘロディア**を売りに出すという軽率な失敗を犯す。セイムール卿はもちろんこれを競り落とし、すぐさまイギリスに送り届けて生産者に確認を頼んだ。オーモンの売った**ヘロディア**は、**ヘロディア**ではなかった。

それから、法廷に出ての裁判が始まった。が、レースの日から二年以上が経過しても、すっきりとした結果には収まらなかった。偽の**ヘロディア**を売った罪は確認されたけれど、**トンティーヌ**が**トンティーヌ**ではなかったという確固たる証拠はどこにもないのだ。セイムール卿の執拗さ、あの性格の悪さはまたもや話題を呼び、うるさい批判の声を上げさせた。「ならず者」が喰ってかかっている、と。

彼は疲れてしまっていた。四二年のジョッキークラブ賞で負けると、競馬から手を引く決心がついて、その六月には厩舎の馬を売りに出した。十五年にわたる濃密な競馬生活だった。

優秀な種牡馬たち、**ロイヤルオーク**などは、国の牧場が買い上げ、国内のさまざまな生産者が役立てることになるので、奨励会初代会長による「フランスにおける馬種改良のための」貢献は、まだまだ終わりを告げることにはならない。

セイムール卿自身の最後のジョッキークラブ賞での勝利は、四一年に**ポエテス**が与えてくれていた。**ロイヤルオーク**と**アダ**（双方イギリスからの輸入馬）の娘。**ポエテス**はこの後、偉大な子孫を生み出すことになる。もっとも、彼女の最強の息子の活躍は、セイムール卿の知らない世で繰り広げられるのだが……。

疲れてしまったのはセイムール卿だけではなかった。ウージェーヌ・オーモンのほうも、ほとほと嫌気がさしていた。その証に、レース厩舎も牧場もそっくり弟のアレクサンドルに譲って、競馬界を去ってしまったのだ。

アレクサンドルは代々オーモン家の所有地だったヴィクト牧場で、優秀な生産者としてのし上がってくる。皮肉なことには、**ポエテス**はこの牧場で名馬を生むのだ。

ジョッキークラブ賞ではこのように熾烈な争いが繰り広げられたが、シャンティイといえば、そのほかに、かの有名なディアヌ賞（仏オークス）があるではないか。

ディアヌ（英語だとダイアナ）は、ローマ神話の狩りの女神である。どんな勇士にも捕えることのできない幻の一角獣を捕らえることができるという。このとても獰猛な獣が、ディアヌ神の純潔の前ではおとなしくなって、手なずけられてしまうのだ。そんなディアヌ神に守られていれば、狩りに出て獲物なしで帰るはめに陥らなくてすむ、ということだ。

狩猟の森シャンティイにちなんで命名されたディアヌ賞の第一回は、奨励会によって一八四三年五月十八日に行われた。

六頭出走した中で、本命馬の**ナティヴァ**が優勝を握った。

が、この日はあまりシャンティイに人の集まることはなく、ひっそりと祝われた優勝だった。シャンティイ競馬のシーズンには、城にプリンスたちが来ているのが慣例となっていたのが、この年は彼らの姿がなく、人を動員する魅力に欠けたのだ。前年の夏のこと、オルレアン公フェルディナンが、馬車の事故で他界していた。三十二歳という若さだった。

こうして、有望なレース厩舎がまたひとつ消えることになった。この時代、ギーシュ公、リウセック、オルレアン公（カンビ伯）と、なぜか強い馬主が長期の君臨をすることがない。が、奨励会を創ったダンディと薄命のプリンスの情熱によって軌道にのりはじめた競走馬生産は、もはや後退することは考えられなかった。次々と、強い厩舎が生まれてきていた。

カーニバル男の汚名

奨励会の成立と前後する一八三一年から三六年にかけて、パリの名士たちの集まる界隈に「カーニバル男」なる者が現れて、世間を騒がせていた。

このころの社交界では、カーニバルの時期に仮面舞踏会を開くのは粋なことだったが、この不思議な男には妙な話題がついてまわった。仮面を付けているので正体不明（ということになっている）。だが、彼の演じたのは正義の味方風のことではなく、どう見てもただの馬鹿騒ぎで注目をひくだけの、紳士くずれだった。というのに何の因果か、この趣味の悪い「ならず者」の出現は、セイムール卿のしでかす新しい冗談だという噂が広まってしまったのだ。

正体を隠したかったわけではないのだ、このカーニバル男は。カーニバルなので仮面を付けているわけだが、じつは有名になりたかったのだ。

「エキセントリックなダンディが、ここにもいるのですよ、皆さん、見てください！」

と言いたかったのだ。セイムール卿の握るダンディの名声を自分のものにしたかったのだ。それほど、ならず者閣下セイムールの名は、世にまかり通っていた。

たとえば、公衆喫煙という習慣はセイムール卿が始めたものだという。公衆の面前、とくに道端とか、サロンやビリヤード室などでタバコ（葉巻）を吸うという習慣は、セイムール卿、このならず者が犯したマナー違反が、流行になって広がったのだという。それまでは、タバコは決められたところでのみ嗜むのが礼儀作法だった。

また、セイムール卿をならず者たらしめる悪癖のひとつに、小型の馬車を自分で駆って（それはまったくかまわない）、道路を全速力で、誰がいようと何があろうと突っ走る、というのがあった。それで、もしも通行人が怪我でもしようものなら、金で解決すればよいと思っているところがあった。

不始末を金で解決というのには、非難の声もさまざまに上がったものだが、彼の馬車のおしゃれなこととその手綱さばきの優雅なことは、ブールヴァール中の羨望の的にもなっていた。そして、セイムール風ファエトン馬車というのが、そのころ大流行したのだ。

金で解決、金に糸目をつけない、金に鷹揚、というのはセイムール卿の特徴のひとつだった。貧しい者がひとり目に入ってしまったら、何がしかを与えずにはいなかった。ボロをまとった子供に札束を投げてやってから、自分と一緒にいた者にむかって、こうシニカルな言葉を吐いてみせる。

「ああ、また悪党を一人こしらえてしまったよ。あの金を全部食ってしまったら、あいつはもっと食うために人を殺すだろうよ！」

カーニバル男は、そういうエキセントリックなダンディを演じるために、セイムール卿の真似をしたつもりだった。噂では、貧乏人に金をばらまき、カフェで馬鹿騒ぎをしているとのことだから、そういうふうにしてみたのだ。だがセイムール卿は仮装などしたことはなかった。

それで、自分が有名になる代わりに、セイムール卿の名をさらに知らしめてしまうことになった。セイムール卿にとってはしかし、いい迷惑でしかなかった。世間の人々は、あれは本当にセイムール卿だと思っていたのだ。

仮面をつけた「ならず者閣下」が、派手に飾りたてた馬車に乗って、似たような派手な仲間たちをひき連れて、車の上から、金銭や菓子をばらまいていく。ちゃんと名乗りもするのだ。

「シャルル・ド・ラ・バチュが皆さんに会いにやってきました！」

それでも、道行く人々、馬車を追いかける人々は、

「セイムール卿！　ならず者閣下！　バンザーイ！」と喝采をおくるのだった。

近くで実際にセイムール卿の顔を見たことのある人は限られている。とにかくこういう目立つことをする人は「セイムール卿」という名の人に違いないのだ。仮面をとって名乗ったところで、噂どおりの冗談だとしか思われない。

今年もだめだった、よし、来年のカーニバルでは、必ず有名になれるよう、もっと派手にやってやる。

そうして何年かが過ぎた。努力の甲斐はなく、つぎ込んだ財産は大きく、ほとんど破産状態でこのダンディくずれは傷心をかかえて、イタリアへ引っ越していったそうだ。

ならず者ダンディになりたかった男はこうしてパリから消えていったが、セイムール卿にとってはしかし、本当にいい迷惑でしかなかった。その後もパリでは「セイムール卿とシャルル・

ド・ラ・バチュは同一人物か」というテーマの討論会が催されるなどして、新聞社は長いことこの話題で紙面を埋めたのだ。

セイムール卿はこの濡れ衣を生涯まとい続けなくてはならなかった。理解されなかった、超有名人。あまりにも規格を外れていて、善人なのか、悪人なのかもわからない。奇行と善行が入り混じってしまっているのだ。

彼に関する伝説はいろいろあるが、四十代のころの実際の善行が、ある港町に残っている。一八四八年に二月革命が起きたとき、セイムール卿は英仏海峡に面したブーローニュ・シュル・メールに身をよせていた。どこにいても貧しい市民への施しや善意の寄付を忘れはしなかった彼だが、特にこの港町では水難事故を目のあたりにして、心を動かされたのだった。

波止場から、嵐の海にのまれる水夫たちを多くの人が見ている。救命のためにできることは何もなかった。セイムール卿はたまらずに叫んだ。

「ウン百万くれてやるから、誰かあいつらを助けに行きたまえ！」

だが動く者はいない。自分の命とその金額を天秤にかけている。セイムール卿はひとり金額を競り上げていった。しかし金銭の力は嵐の海の恐怖に勝てなかった。

彼は憤慨し、救命会社の道具の粗末さを嘆いて、用具一式や新品の船や、多額の援助金を寄贈した。ほかにも、水夫たちの使う水飲み場を整備させたりもした。そういったことを、政治的な下心もなく、何の見返りも期待せずに、したのだった。ただ自分の非力に復讐したかったのだ。自分が痛い目にあうのも堪えられない男だったが、他人の不幸も許せない紳士だった。

人間ぎらい、厭世家とも伝えられる。その彼は、母が逝ってからわずか三年後に、五十四歳で亡くなった時、遺言で遺産の大部分をパリとロンドンのホスピスに遺贈していた。逆に、愛人たちが生んだ自分の子には何も残さなかった。

また、もはや使うことはなくなっていたが、世話していた馬が何頭か最後まで厩舎にいて、そのお気に入りたちのためには、一頭あたり月額百フラン（約十万円）の定期収入を残していた。「知らない人にはこの馬たちを売ってくれるな。働かせず大事に世話をしてくれる親友のところへやってくれ」と、遺言に書かれていた。

フランス人の好きなあのドンチャン騒ぎも、イギリス人セイムール卿の趣味には合わなかった。とはいえイギリス人でありながら、おそらくはイギリスに一度も行ったことがない。だから本場の競馬も生で見たことはなかった。父親との亀裂は、彼の中で英仏間の亀裂となって心に傷を作っていた。

それを生涯忘れることのできないトラウマとして抱えて生き、馬も馬車も布地も手袋もステッキも、すべてイギリスから取り寄せて、ブライオンの話に熱心に耳を傾けて、フランスで暮らしたひねくれ者。

こんな男をフランス人は自国のターフの父と呼ぶことになる。本物のダンディは、大衆の理解を得ることのない、悲劇の美学の中に生きるものなのだ。

プリンスとダンディ、気高き英雄たち

ダンディというステータスは、フランスでは七月王政期に市民権を得、第二帝政期になると一世を風靡《び》して、「ダンディの最盛期」と呼ぶべきものにまで達する。でも、二月革命を境に、純粋な美学を持つ本物のダンディの存在は、衰退の運命をたどっていた。

とはいえ、彼らの高雅な精神はサラブレッドの中に託されて残った。セイムール卿が父として丹精こめたのもサラブレッドであったというのは、その因果な証拠のようなものだ。

ダンディたちはその高雅な精神を前世紀の世襲貴族から受け継いでいる。

封建貴族が否定されてからというもの、フランスの上流階級は新しいアイデンティティを模索していたわけだが、そこに現れたのがダンディというステータスだった。よってダンディの価値観は、当然のことだがやっぱり封建貴族の延長上にあった。プリンス、そしてダンディのモットーは、ずっと変わらず、洗練の追求、つまり「エレガンス」の追求だったということだ。

十九世紀の詩人ボードレール（本人もダンディを名乗っていた）は、「ダンディはエレガンス以外を職業にしてはいけない」と言ったほど、実際にはその生き方はけして安逸なものではなかった。寝る間も惜しんで自分に磨きをかけるのだ。彼らにとって「美」とは、苦心の末に到達すべき目的以外の何物でもなかった。

サラブレッドは、エレガンスの権化としてそんなダンディたちの心を魅了した。この生き物こそ、まさしく「苦心の末に到達」した美しい創造物ではないか。

もしフランスにダンディがいなかったら、そしてもしここでダンディとサラブレッドの運命が交錯しなかったら、フランス競馬はまったく別のものになっていただろう。

しかし、プリンスからダンディへと、同じ美意識がそのまま受け継がれたわけではなかった。

現代では、「サラブレッドは美しい」という判断はあまりに定着していて、疑問を持つ人はまずいないが、十八世紀にはじめてこの新種の馬を見たフランス人は、じつはまったく違った印象を抱いたのだ。骨と皮ばかりに痩せこけた、むしろ醜い部類に入る馬だと思った人のほうが、圧倒的に多かった。見慣れないものに対する警戒心が肯定的に働くケースは少ない。当時のフランス人にとって、見慣れている美しい馬とは、どっしりと優雅な安定感をたたえた馬だった。

では、当時のプリンスたちは、サラブレッドの速さと血の純粋さだけに価値を置き、外見には目をつぶったということだろうか。それがそうでもないのだ。彼らは、美しさゆえではなく、珍しさゆえに、サラブレッドの外見を愛した。定着している美意識に反するということに、小気味良さを感じていたのだ。

サラブレッドが生まれたイギリス。それを採り入れたフランス。この二国では根本的に、ものの考え方が違っていた。

フランスでは、理性の力を重んじる合理主義という考え方が、人々の脳髄の奥深くにインプットされていた。デカルトという十七世紀の哲学者によると、人間の理性は「この世で最もうまく分配されたもの」であり、理性的に正しい方法で思考すれば、すべてを説明でき、無限の進歩が可能となる。彼の説ではまだ神の存在は確実なものとして説かれていた。

それに対してイギリスでは、経験主義という思想があった。実際の感覚と経験を拠り所として、科学的に考えなければならない、とする説である。「やってみなければ分からない」のである。してみると、競走の結果によって血を選び、配合して、人間が創り出したサラブレッドというのは、イギリス経験主義の権化のような創造物であるということだ。多くのフランス人には、にわかにその価値が呑み込めなかったのも、無理もない。

十九世紀に入っても中頃まで、大多数のフランス人は、理性的に考えると、どうしてもこのイギリスの馬が最良の馬種だとは信じられなかった。フランス的思考によれば、価値のあるものは、外見からして価値のあるように美しく見えるはずなのだ。それが、サラブレッドはフランス人の目には美しいとは映らなかった。変わっている、奇妙だ、異様だ、という印象から抜けられなかった。

もっとも、アングロマニアのプリンスたちは、その異様さゆえにサラブレッドを良しとした。彼らは変わったものを欲していた。スポーツとしても、委任勝負であるということのほかに、珍しい馬に「猿のように小さな人間」が乗って異常なスピードを競うという、他に類がないゲームだったからこそ、「大多数とは違う、選ばれた者であるべきこの私にふさわしい」と、彼らの心を奪う決め手となった。

しかし、変わったものを好むのは、いつの時代も少数派である。フランスになかなかサラブレッドを使う競馬が広まらなかったのは、そのためでもあった。

偉大なる馬産家ヴォワイエ侯も、フランス人の美意識が、（醜い）サラブレッドの普及を難しくさせるだろう、とは予感していた。「フランスでは、外見の美がうとましく思われることは滅多にない。外見の美しさは、無知な者——つまり大多数の者——の目をくらませてしまうから」と語っていた。美しいものは内容もすばらしく、醜いものは内容も劣っている、という論理だった。

ということは、サラブレッド、ひいては競馬そのものは、英仏の「相互誤解」のもとにフランスに根付いたということになる。アングロマニアのフランス人と、イギリス人であるセイムール卿。その間の溝が、英仏の「相互誤解」だった。

セイムール卿の時代には、フランスではまだプリンス的美学、つまり、自然らしさを美しいとする古典的美学が一般的だった。そんな背景の中で、サラブレッドに美を見出し、自己に課すエレガンスを「努力により到達すべき目的」とするのは、なんとも気高いヒロイズムである。

第二帝政期になると、美の基準はより派手になり、さらに人工的なものが良いとされ、ゴテゴテと凝ったものになってくる。その風潮の中でおしゃれを気取るのは、また少し価値観が違うのである。競馬に関しても同様で、このスポーツが大衆の心を掴む以前に自己の信念で行ったダンディたちには、何か崇高なものがあった。

結局、サラブレッドに託されたプリンスとダンディの価値観というのは、彼らの存在と同じように、はかなくも気高い、その美意識だった。プリンスとダンディの立場そのものが危うくなり、それを惜しむ人たちの反動で、サラブレッドの価値はさらに高まる。なぜなら、もう存在しない精神的価値へのノスタルジーまでもが、この「エリートのシンボル」たる生き物の中に介在してしまったからなのだ。

イギリスからフランスに渡ることによって、サラブレッドは別の価値を持つ新たな存在に生まれ変わった。社交界の最も純粋で、最も高貴なエレガンスという価値の結晶として君臨することになった。はかない英雄たちの愛し残したフレンチサラブレッドは、「走るエレガンス」という高潔な存在として、このとき具現化したのである。

さて、次の新しい時代には、「走るエレガンス」たちにも新しい舞台が待っている。ロンシャンという大掛かりなセット、パリ大賞典という大興行が準備され、大物役者たちが登場し、世紀のクライマックスへと向けて、堰を切った大河のように、歴史は流れ進んでいくのである。

Ⅲ

フランス競馬のモデルニテ

フランス競馬の近代化に大きく貢献した
ナポレオン三世

ロンシャンとドーヴィルに競馬場を
建設させたモルニー公

初めてダービーに優勝したフランスの馬主、
ラグランジュ伯

第七章

パリ大改造、ターフ大改造

パリの新しい装い

今私たちの眺めるパリの風景は、ほぼ第二帝政期に行われた大改造によって整えられたものである。エッフェル塔はもう少し後に建つが、主要な大通り、オスマン建築といわれるパリらしい壮麗な館、西と東の森など、花の都・光の都の景観は、この時の大胆な改造の遺産である。

フレンチターフもまた、この時代に大きく飛躍する。イギリスと並び、それを超えるインフラを備え、実力を併せ持つようになる。あらゆるものが繁栄のオーラに包まれる華やいだ時代、第二帝政期。

その扉を開けるのは容易ではなかった。二月革命が必要だった。いよいよとなれば、パリジャンだって冬にも革命を起こすのだ。

この革命で、運命が変わった男がいた。それまで国王と政府により追放の身分とされていた、ルイ＝ナポレオン・ボナパルトである。フランスでは二十一歳以上の男子によるはじめての普通選挙が行われ、この男が亡命地のロンドンから国民議会の議員に立候補して、当選したのだ。追放から三十年もの後に、母国に凱旋がかなった幸運者である。

パリの住居へ落ち着くや、ルイ＝ナポレオンが最初にしたのは、部屋の壁にパリ全図を貼るということだった。巻いてある大判の地図を丁寧に広げると、そこにはすでに、赤、青、緑、黄で色分けした線が引かれていた。代議士に当選するずっと前から、いつか自分がパリを改造してみたいと、こうして思い描いていたのだ。

伯父さんであるナポレオン一世の島流しのときに、七歳でフランスを去らなくてはならなかった彼だった。いつか自分が「出てきて」みせる、とは思っていた。二度、蜂起して、二度、失敗した。暗く冷たい牢獄へも入った。そうしながら、長いこと、理想の都市パリを、「自分の」都市パリを造ろうと心に誓い、研究していたのだ。

それはまるで、遠くで思う恋人あるいは母親に、きれいな着物を着せてやりたいというような愛情に似た野心だった。どれくらい遠くからの愛だったかというと、故郷の言葉を彼は外国語訛で話すようになるほど、引き離されていたのだ。パリの地図は、ほとんど恋文のようなものとなっていた。

「まさか、本当にこれを使うことがあろうとは……」

地図を広げて、現実を疑っただろうか。二月革命の起きたことを神に感謝したろうか。それさえ起きれば、後のことは、「ナポレオン」という名前が助けてくれるのだ。

彼も一員となったその議会で憲法が定められ、それに従ってフランス共和国の初代大統領が、やはり普通選挙で選ばれることになった。ナポレオンの名を持つ彼が、驚異的な支持率で当選した。

が、落ち着いた社会は訪れなかった。冷えこんだ経済はなかなか温まらなかった。国の政治は、大統領と国民議会が権力を分かち合う形をとっていて、「双頭の怪獣」と呼ばれるほどに、手なずけ難いものだった。この怪獣をなんとか退治しないといけない。

ルイ＝ナポレオンはそのためにクーデタを起こして議会の力を封じ込め、憲法を新しくして大統領の任期を四年から十年に延ばし、権限を最大限に大きくした。

そうして、そのまま調子づいて、一八五二年の十二月からは、この大統領は皇帝ナポレオン三世と名乗ることになったのだ。第二帝政期がはじまり、世は平穏をとり戻した。この時代、フランスは産業革命へまっしぐらに進んで、類まれなる好景気の時代を享受していく。鉄道が普及したのもこの時である。パリの街はたちまち姿を変えはじめた。あの地図を型紙に、新しいデザインのまばゆい衣装が、オートクチュールで次々に仕立てられていった。

そんな時代の幕が上がって少しした、一八五五年のある日のことだった。セイムール卿が、ブーローニュ・シュル・メールの港町から、懐かしいカフェ・ド・パリの自分のテーブルを恋しがって、戻ってきたのは。

しかし、セイムール卿のパリはなんと変わってしまっていたことか。競馬界に関しては、セイムール卿の時代はとっくに終わって、新しい馬主やブリーダーが台頭してきていた。それはもう他人事でよろしいが、大きな悲しみは、自分の庭、グラン・ブールヴァールを失ってしまったことだった。

ブールヴァールの賑わいは、四八年以前の何倍にも増幅していた。鉄道が通るようになって、地方や外国から、フランスの首都を訪れる観光客が増えたのだ。一八五五年は、パリ万博の第一回目が催された年でもある。カフェ・ド・パリの店内は、おのぼりさんでごった返していた。

セイムール卿の失望は大きかった。

「私の聖地は、もはや蹂躙《じゅうりん》されてしまった。私の庭ブールヴァールは、見る影もない……」

五三年にオスマン男爵がセーヌ県知事に就任して以来、首都大改造計画は本格的に着手されていた。あたりの小粋な家屋はとり壊され、威圧的な、大きな壮麗な館にとって代わった。広く、緑濃く、細長い公園通りのようだったブールヴァールは、近代的で機能的な通りへと変貌していた。カフェ・ド・パリは、雑踏に埋もれ、野蛮人によって汚された城だった。

一八五六年十月九日を最後に、カフェ・ド・パリは永遠に扉を閉じた。家主であるセイムール卿の決断だった。汚された自分の城を見ていたくはなかった。閉めてしまうほうが、ましだったのだ。

新しいものを建設するには、必ず何か古いものを失くす。時代は後ろを見ている余裕はないほど、急速に進んでいた。

王妃様の私生児

一八五一年十二月二日、ルイ＝ナポレオン大統領のクーデタの日。だがこのクーデタで主役を演じたのは、本当に彼だったのだろうか。その後も、全権を掌握したことについても、とてもひとりの手の中に、とは言いがたい。彼の手は、そんなに大きくはなかったのだ。

大統領ルイ＝ナポレオンには、まず政界に知り合いがなかった。当たり前だ。それまで外国にいたのだから、ただの友達でさえフランスには数少ないのだ。ボナパルト家の親戚などはあったが、同族だけでファミリー政府をつくるわけにもいかない。だいいち、ナポレオン一世の甥にあたるという者は、あの代議士選挙でほかに三人も当選していたのだが、親戚同士の力関係も複雑で、もめごとはついぞ絶えたことがなかった。

それに選挙で負けたとはいえ、共和派などの強力な反対陣営が、わずかの隙を狙っている。そういった敵対関係の渦の中で、難しい出発だった。ほとんど不可能に近い出発だった。しかしそこに、まさに幸運の賜物、奇跡の巡り合わせのような人物がいたのだ。帝国の鍵を握っていたのは、その男だった。

その名をシャルル＝オーギュスト・ド・モルニー。製糖工場の大経営主であり、代議士であり、ジョッキークラブの「顔」でもあり、政界、経済界の要人とのコネには事欠かない人物。このうってつけの男が、当選したての大統領を助けて、内閣構成の力になった。

それから「双頭の怪獣」を退治するためのクーデタの話になるのだが、このモルニーをはじめ周囲のとり巻きたちにさんざん催促されても大統領は実行に移したがらず、しぶっていた。

「失敗したらどうするのだ……」

しかしいつかはしないと、近いうちにまた民衆の不満が爆発してしまうだろう。それに、王党派のほうでも、クーデタを起こして故オルレアン公フェルディナンの息子を国の頭に迎えようという計画が進んでいたのだ。

「クーデタは、この私が、やります!」

モルニーはあらゆる準備や根回しを進めながら、大統領本人の前で、そう言ってのけた。

「もしも暴動になってしまったら、どうするかね……」

「そうなりましたらば、私が引き受けます!」

この煮え切らない大統領は、じつは、何を隠そう、モルニーの異父兄なのだ。

シャルル＝オーギュスト・ド・モルニーは、一八一一年の十月二十日にパリで生まれた、ことになっている。だが、誕生日も出生地も、モルニーという親の名前すらも、戸籍に載っているのはすべて事実とは異なった記述なのだ。

彼は、オランダ王妃オルタンス・ド・ボーアルネがシャルル・ド・フラオー将軍との間にもうけた、婚外児だった。王妃が浮気をしなければ、モルニーは存在しなかった。すでに、万に一つのチャンスをつかんで生まれたのだ。

オルタンスはフラオー将軍にほとんど一目惚れ状態で、情熱の恋を生き、その末に宿した子供だった。夫とは、気の進まぬままに政略的に結婚させられていた。その正式な夫が、オランダ王ルイ・ボナパルト。ナポレオン一世の弟なのである。

オルタンスは、ナポレオン一世の最初の妻、ジョゼフィーヌ・ド・ボーアルネの娘である（ナポレオンと結婚する前の子供）。オルタンスと夫ルイの息子が、一八〇八年生まれのルイ＝ナポレオン（後のナポレオン三世）である。

モルニーはナポレオン三世よりも三歳下の半弟になる。この二人の容姿はとても似ていた。ということは母親オルタンスの面影なのだろう。モルニーのほうがさらに母親似だったらしい。

モルニーの父親のフラオーという人物が、これまたひとくせある。旧体制時代からナポレオン一世時代、そして王政復古時代へと、次々に政治的手腕を発揮して世を渡っていった、かのタレイランの落とし子だったのだ。

タレイランが「世を渡っていった」というのは、少し的外れな気がする。タレイランは、むしろ世を自分の都合のいいように操ったのだ。もとは神父をしていたのが、政治家になり、ナポレオンにエジプト遠征をさせたかと思えば、ルイ十八世に王冠をかぶせ、その時々に優勢な派閥が自分の派閥であるという実に処世術に長けた人だった。そうしながら、歴史の大筋を書くことになった。

　こんなたぬき爺でも、孫の前では好々爺になったようで、幼少のモルニーを見て「この子はいつか大臣になるぞ！」と言ったと伝えられる。

　フラオーの母親は、アデライド・ド・フラオーといい、たくさんの小説を書いた女性だ。女好きのタレイランの、若い頃の愛人だった。そのアデライドの母親はルイ十五世の愛人の一人だったので、彼女にはルイ十五世の血を受け継ぐ異父姉がいた。

　アデライドはまた、ルイ＝フィリップが王になる前、逃げ隠れしなくてはならなかったときに、助け舟を出した人でもある。タレイランのほうが派手に時代にその痕跡を残した人物なら、アデライドは影で重要な役回りを演じた女性だった。

　モルニーは、そのアデライドに、つまり自分のお祖母さんに、育てられた。オルタンスは、私生児をつくってしまったことをなんとか隠そうとしたのだ。当然といえば、当然の行動だ。モルニーは十七歳の時に、実の母親と知らされずにオルタンスに会っているが、そういうわけで出生の秘密を知るのは二十二歳の夏のことになる。

　華やかな社交界に生きたアデライドの趣味や性格の影響で、モルニーも派手好みの、社交的な、女性と馬と美術品を愛する、ギャンブル狂の、立派なダンディに成長していった。ファッションも最新のものを優雅に着こなすおしゃれぶりだった。巷では「モルニー風チョッキ」や「モルニー風ネクタイ結び」も流行した。

二十代では、劇場から賭博場へ、舞踏会からサロンへと、走りまわっては浪費をし、借金をし、儲け話に目を輝かせる日々を送っていた。まだ存命中だったオルレアン公フェルディナンとは、一緒にアルジェリアに出兵するなど、軍のほうでも活躍して、勲章を受けたこともあった。ジョッキークラブのメンバーに選出されるのが二十六歳の年。その頃にはジェントルマンライダーとして自ら騎乗して、障害レースに出走していた。当時の障害レースは、整備されたコースを走るわけではなく、自然の木の茂みや土手、小川などを利用した、スリル満点のスポーツだった。

競走馬を育てる牧場も持っていた。バラ色の勝負服に黒の帽子でレース厩舎もいとなみ、有名調教師トム・ハースト、ヘンリー・ジェニングスらを起用した。入賞成績のほうはあまり振るわなかったのだが、馬は、美術品と並んで、彼の趣味と投資の対象だった。モルニーブランドの馬には良い値がついた。それに、レースの華やかな世界で顔を利かすことそれ自体で、彼には得るものが充分にあったのだ。

二月革命からクーデタまで、事業家や金融関係者たちは、日に日に追いつめられる不安な日々をすごしていた。あらゆる株式の相場は下がっていた。

「とにかく、誰でもいい、秩序をもたらす者が出なければ、これ以上はもたない」

それが、モルニーの心の中の悲鳴だった。

なけなしになってしまった財産を一部でも守るため、美術品をロンドンに移動したりした。牧場の馬も送ろうかどうかと迷ったぐらいだ。住むところさえなくなりそうだ。明日にも自宅が売りに出されそうなのだ。担保に入った家と美術品、そして馬を除けば、モルニーの財産はゼロに等しかった。むしろマイナスだった。大統領自身が、借金で身動きとれないでいるのだ。

土壇場に追い込まれたギャンブラーは、異父兄の「ナポレオン」という名前と、その名を冠する帝国に、自らの人生を賭けた。勝負！

「クーデタは、この私がやります！」

そして成功の暁に、モルニーは内務大臣におさまった。

祖父タレイランの予言は的中したわけだが、モルニーの大臣生活はあまり長く続かなかった。ほんの二ヶ月。オルレアン家の財産を国が没収することになり、オルレアン家と近しい関係のモルニーは猛反対のすえ、辞職に追い込まれた。

じつは、異父兄は、ここまで来ればもう弟は必要ないと思っていた。少し距離を置こうという作戦で、モルニーは遠ざけられる形となったのだ。これは大きな誤算だったが、心中複雑なものを抱えるナポレオン三世がしでかした、盲目の誤りだった。モルニーを血縁者であるとは、よりにもよって兄弟であるとは、認めたくなかったのだ。

「皇子の自分と同じ資格を持つ者がいるなんて、断じて許せん」

モルニーにとっても、兄のコンプレックスは難題だった。それはモルニー自身のコンプレックスにもなっていた。オルタンスは、オランダ王ルイと離婚する前にモルニーを生んでいるし、ルイはモルニーを自分の子として否認してはいない(認めたわけでもないが)。ということは、あくまで法律に則れば、モルニーはナポレオン三世と同等に皇子の資格があるのだ。ボナパルト家のプリンスとして、皇族になったたって良いのだ。

もっとつき詰めて、あれだけ夫を嫌がっていて愛人のあったオルタンスだから、ナポレオン三世だってルイの子ではないに違いない、と、本当の父親まで想定されたこともあるくらいだ。

モルニーとナポレオンと、二人でこの話題を持ち出すのは避けたかった。共通の母親である故オルタンスのけなし合いの域に入り込んでしまう。ナポレオンのほうは特に、オルタンスが死ぬときまで弟の存在を知らなかったのだから、感情の持っていき場がない。

なにはともあれ、じきにナポレオン三世は、片腕としてモルニーはなくてはならない存在であると認めざるをえなくなる。一八五四年の十一月から、ギャンブラー・モルニーは国民議会で立法院の議長のポストを占めることになる。

ロンシャン競馬場の誕生

ナポレオン三世は、今度は床の分厚いじゅうたんの上に、違う地図を広げていた。地図には、色のついた小さなピンが無数に刺してある。

これは、パリの西側、ブーローニュの森とその近辺の地図だ。皇帝は、この森を改造して、イギリス風の広大な公園にすることを考えていた。ロンドンの街を高く評価するナポレオン三世は、ハイドパークのような公園をぜひパリにも造りたいと夢見ていた。

「ハイドパークといえば、あの、小川をもとにして造った人工湖、サーペンタインが美しい。あれはぜひともないといかん。あれをここに造るのだ。造園家のヴァレはもう仕事を始めてくれている。万博の始まる前に形にせんとな……」

ブーローニュの森は国の所有地だったが、皇帝は、四年間に最低二百万フランをつぎ込んで改造工事をするという条件で、パリ市へ譲渡させた。一八五五年のパリ万博には、地方や外国からの観光客に、新しいパリの街並みだけでなく改造した森も見てもらおう。工事は、よって、オスマンがセーヌ県知事になる前から始まっていた。

ところが、である。そのオスマンが就任して工事現場の視察に行った時、ちょっと気になることがあった。設計図を見せてもらったが、土地の高さに関することが何も書かれていないのだ。すぐに、彼は土地測量の技師を送りこんだ。

調べてみると、まったくなっていなかった。工事を任されたヴァレは、水は高いところから低いほうへ流れるということを忘れていた。まずは土地を平らにする、という作業を忘れていた。サーペンタインは小川を思わせる細長いつくりなので、高低をよく考慮しなければ、上流は干乾びて下流は洪水という、ごく当然の結果がでてしまうのだ。

ヴァレはくびになり、急遽オスマンが後任を手配した。が、池は掘ってしまってあり、一からのやり直しは予算も時間も許さなかった。ナポレオン三世は、夢にまで見たサーペンタインをあきらめなくてはならなかった。

「サーペンタインもどき」は二つの池に区切られ、「上の池」「下の池」と呼ばれることになる。ナポレオン三世のこのときの失望は、ついに癒されることはなかったという。（二つの池は今もこのまま残っている。）

オスマンは、ナポレオン三世の地図の構想を見て、工事はもっと西まで、セーヌ川に達する所まで続けたほうが、景観が良いと提案した。問題の土地、森とセーヌ川の間のロンシャン平原は、個人所有の無数の小さな地所の集まりだった。これを買収するには莫大な資金が要る。オスマンには、資金繰りについては提案できることはなかった。

そこに、モルニーの大胆な発想がものを言う。パリのすぐ西脇部、森の手前の土地を売って、その売上げで遠いほうの土地を買えばよいのだと。

半信半疑ではじめたものの、これが大成功だった。売上げは予想をはるかに上回り、ロンシャン平原を買収するにあたって、オスマンは景気のいい号令を出すことができた。

「払え！　払え！　とにかく払え！　高く払って速やかに事を運ぶのだ！」

資金も大事だが、時間も限られているのだから。

この土地売買の件、じつはモルニーは、ここでもギャンブルをやったのだ。彼はずっと以前から、それこそ二月革命よりも前から、パリ西部の土地が値上がりすると踏んでいた。シャンゼリゼ通りがまだ田舎の散歩道だった頃から、自分もその界隈に土地を買い、邸宅をかまえていたのだ。不動産投機の面では、第一線を行く勝者ギャンブラーだった。

そこでおさまっているはずもない。ロンシャンの件をきっかけに、モルニーはぐんとオスマンとの親交を深めた。実践主義の二人はとても気が合い、オスマンはこれから工事によって取り壊しになる物件を教えてくれた。それをまずはモルニーが買い取る。売り主は取り壊しの予定を知らされていない。さていざ取り壊しという時には、持ち主であるモルニーに、パリ市は多額の賠償金を支払うわけだ。これはギャンブルというより間違いなくいかさまだ。もちろんオスマンも何がしかの見返りは得たことだろう。

こうして意気投合したオスマンに、モルニーはロンシャンに競馬場を建設してはどうかと持ちかける。

いいアイデアじゃないか。せっかくの大改造によって生まれる新しい森に、人が集まらなくては意味がない。今どんどん大衆の人気を得はじめている競馬は、もってこいの呼び物だ。イギリスのような立派な美しい競馬場をぜひ造ろうじゃないか。しかもロンドン人はこんなに近場に競馬場を持ってはいない。これでブーローニュの森は、成功以上の大成功作品になる……。

奨励会では、パリの競馬場としてのシャン・ド・マルスに困り果てているところだった。レースは人気を呼び、出走馬も増えてきていた。八頭以上走ると非常に危険だというコースに、五十頭もが登録してくるのでは、とてもこのままで続けるわけにはいかなくなっていた。

土地の整備工事とスタンド建設に二年余を費やし、ロンシャン競馬場は一八五七年に完成にいたる。四月二十六日の日曜日、春の寒空の下で、初めてのレースが行われた。

スタンド席はセーヌ川を背に、ブーローニュの森を見晴らす格好で建っている。中央に皇族席、その右に閣僚や役人の席があり、左はジョッキークラブの席。下方の階段席は入場料を払った観衆に開放されている(スタンド席はそれから一九〇〇年代と一九六〇年代に再建築された)。

天気には恵まれなかったが、五千人を収容できるそれらスタンド席はおろか、プルーズの隅まで黒山の人だかりでいっぱいに埋まった。騎乗でやって来た者も三百人、ほかに馬車が七百台も。華やかな四頭立てのフォーインハンズ馬車も十一台、繰り出していた。

ロンシャンの初レースの初優勝馬は、**エクレルルール**(偵察者の意)という名前の、オーギュスト・リュパンの馬だった。この日は全部で五レースが競われ、六千フランの賞金のメインレースでも、やはり同馬主の三歳馬**ポトキ**が優勝を飾った。

リュパンの厩舎が強いのは、それもそのはず、なんとイギリス王室厩舎が基礎になっているのである。一八三七年にヴィクトリア女王が十八歳で即位した時、国民の評判のために競馬は良くないと、繁殖牧場を解体し肌馬を売りに出してしまった。その時の競りで買い取った馬を元に、このフランスの新興ブルジョワが自分の王国を築いたのだ。

彼は六十年にわたる長い競馬人生の中で、ジョッキークラブ賞とディアヌ賞を六回ずつ、パリ大賞典を二回勝ち取る。が、一番の目標としていたのは、やっぱり本場イギリスでの活躍だった。その成果として、五三年に**ジューヴァンス**という牝馬でグッドウッドのゴールドカップを獲得したのが、フランス産馬がイギリスで優勝を飾った歴史に残る第一回目となったのである。

リュパンは、モルニーがジョッキークラブで顔をあわす親友でもある。この研究熱心なブリーダーの友人が新しい競馬場で労をねぎらわれていたこの日、ロンシャンの生みの親であるモルニー自身はその場にいなかった。前年の夏にロシアへ特別大使としてアレクサンドル二世の戴冠式に赴いて、まだ戻っていなかった。

だが、ナポレオン三世の地図には載っていなかった競馬場は、こうしてギャンブラーの弟によって造られたのだ。モルニーの山師のような冒険めいた画策も、成功してみると、誰もがその特異な才能を認めないわけにはいかなかった。彼にはたしかに、第六感のような鋭い先見の明と、それを支える頭脳があった。

「賭博師モルニーが、賭博場ロンシャンを作った！」

皮肉と愛着を込めた言葉で喜びを表しながら、政治家も事業家も、その他ブルジョワたちも、こぞって賭けにいそしんだ。ロンシャンはまるで、モルニーの世界観を縮小して再現した小宇宙のようだ。人生は賭けと歓楽、頭を使った者が勝つ、金は道具……。

この年の秋、グラン・プリ（帝国大賞典）はここロンシャンで行われた。**モナルク**というフランスの歴史的名馬が走るが、あまりの強さに、競走相手は一頭のみだった。観衆は、ロンシャンという新しい馬場と、**モナルク**という新しい英雄を見に、束になってやって来た。

パリ大賞典

賭博師モルニーだったが、もっとも、競馬自体に関しては、彼の勘は凡人程度にしか働かなかったようだ。

彼の厩舎にいた**プレデスティネ**という名前の三歳牝馬が、一八四五年にサン・レジェ賞に優勝したが、これがモルニーが馬主として得た数えるほどしかない祝うべき優勝の一つである。ほかにクラシックレースではジョッキークラブ賞もディアヌ賞も二着どまり。どうしても二番目の男なのである。

だが、オーモンのヴィクト牧場で生まれたその**プレデスティネ**《プレデスティネ》は、父親が**マスターワッグズ**という名馬で、娘もやはり名馬になることが運命付けられていたのである。

モルニーは、「この馬が四七年一月一日までに二万フラン（約二千万円）の賞金を獲得する」という賭けを、オーギュスト・リュパンを相手にした（各々ほんの五十フラン＝約五万円ずつ）。

ジョッキークラブでは、カードなどのほかにも、このようにあらゆるアイデアを出して賭け事がなされていた。

結果は、**プレデスティネ**は二万フランを稼げなかった。年が明け、リュパンとの賭けはモルニーの負けと判明し、その後モルニーは**プレデスティネ**を売ってしまった。

ところが、その年の最高賞グラン・プリ（王国大賞典）で、この馬が新しい馬主のために優勝を飾ることになる。この賞だけで、一万四千ランの賞金だった。

そんな負けも、しかしモルニーは大して気にかけてはいなかった。賭け金も賞金も、なんとも思っていないのだ。

ある時、招待されたサロンで話に花を咲かせていると、隣の部屋でカードをしているから来いと誘われた。普段は日課のようなカードだが、この時モルニーは話のほうが面白く（おそらくは女性を口説いていた）、打ち切ってまで隣の部屋に行きたくなかった。なのに、カードの連中は何度もしつこく誘いにくる。

しかたがない、とモルニーは腰を上げてカードのテーブルへ行った。そこで「赤か黒か」で赤に賭けると、黒が出た。二万フラン（二千万円！）負け、債務証書をさらさらと書いて、立ち上がる。

「さあ、これでもう、ほうっておいてください！」

二月革命時に金に困っていたことなど、ほんの小さなエピソードなのだ。

競馬の方面では、小さな賭けに勝つことなど二の次に置いていたような印象だが、良い馬を生み出せなかったのは、または良い馬を持っても価値を見抜けなかったのは、もしかすると、彼のコンプレックスのせいだったのかもしれない。

自分をサラブレッドにたとえるなら、「高貴な血を持ちながら、スタッドブックにさえ載れなかった馬」ということになる。サラブレッドであり、実力もありながら、公式レースに出走する権利を剥奪された、悲劇の英雄なのだ。

牧場で、馬の交配について考えるとき、馬の系図を見るとき、自分の境遇を考えたこともあっただろう。モルニーは、じっくりと時間をかけて物事にとりくむタイプではなかった。地道な努力の人ではなかったのだが、それはおそらく、自分の境遇についていくら考えても仕様のないことと、片付けていたところがあったからかもしれない。その結果、馬の系図も、考えても仕様のないこと、と。

が、競馬の小さな賭けよりも、彼にはずっと興味をひかれることがあった。自分が何十万もの人々に、賭けをやらせることができるかという「大きな賭け」である。モルニーの頭の中では、ロンシャンに競馬場を作ったとはいえ、それで締めくくりとはなっていなかった。これからだ。

新しい競馬場にふさわしい、大きな賞を作らなくてはならない。モルニーは、エプソムダービーの優勝馬とジョッキークラブ賞の優勝馬が闘えるようなインターナショナルレースを創設しようと、壮大なことを考えていた。

問題は、奨励会は「フランスにおける馬種改良」を目的としているので、外国の馬の走るレースに賞金を出すことができないことだった。よそから調達してこないといけないわけだが、大きな賞金でなくては、箔がつかない。

そんな時、モルニーはまるで手品師のように、器用に解決策をポケットからとりだすのだ。まずは、パリ市に五万フランをひねり出させる。次に、当時の鉄道の五会社に、それぞれ一万フランずつスポンサーになってもらう。彼は鉄道業界に深く通じ、自らも一社の社長をしていたことがあったくらいで、そこは自分の庭のようなものだった。鉄道開発権にまつわる裏金のすべてが、彼を通して動いていたほどだ。

とにかく、合計十万フラン（約一億円）もの賞金を難なく集め、その名もグラン・プリ・ド・パリ（パリ大賞典）という大レースを創設したのだった。勝者の手に入るのは、その十万フランに出走登録料も加算されるので、当時世界最高額だったエプソムダービーに並ぶ高額賞の誕生とあいなる。

金額だけではない。それまで世界一だったエプソムダービーの枠をこえる賞を創ろうというのは、すなわち、世界最高峰のレースがここにできたのだよと言いたいわけだ。「私の創るパリの大賞典が、世界一のレースとなったのです」とモルニーは言っているのだ。

英仏間の新しい闘いの舞台である。しかも、これは軍事以外で史上初めての英仏対抗戦なのである。ぜひとも盛大にやって、なにがなんでも勝ちたい。少なくともフランス人にとっては、この闘いこそ英仏戦に決着をつけるにふさわしい崇高な場であると思われたのだ。

距離は、ダービーやジョッキークラブ賞が二四〇〇ｍだったので、それらの勝ち馬以外にもチャンスが与えられるようにと、三〇〇〇ｍに設定された。

一八六三年の五月三十一日日曜日に、全パリジャンの待ちに待った第一回パリ大賞典は行われた。皇帝も皇后もご参列である。

フランスでは大きなレースは日曜日に行われることが多いが、イギリスでは、キリスト教の主日である日曜日にはレースを行わない習慣だった。そのあたりが少し心配されたが、国外でのインターナショナルレースとなっては、イギリス人にとっても話が違うようだ。フランスの準備したきらびやかな挑戦状に堂々と応えてくれた。

一番人気はフランスの**ラトゥーク**という名の牝馬で、ジョッキークラブ賞とディアヌ賞をたて続けに勝ったばかりの文句なしの優勝候補だった。フランス人は自信たっぷりである。しかしイギリスからは強馬が四頭も挑戦している。

結果。フランスの期待の星**ラトゥーク**は、イギリス馬四頭のうちの四番目人気**ザレンジャー**に、一馬身差で破れてしまった。フランス人の失望は大きかった。絶対に勝つと思っていたのだ。彼らのあまりの困惑を見かねた**ザレンジャー**の馬主は、パリの貧しい人々のためにと言って、賞金の中から一万フランを寄贈したということだ。

でも、一馬身差なのだ。見方によっては、たったの一馬身差である。これは、未来を予言する、現在を象徴する、一馬身の差だ。つめることは可能だ。すぐ翌年の第二回パリ大賞典で、それが現実化する。その間に、イギリスのクラシックレースに初めてフランスの馬が勝つという事件も起こっていた。


一八六四年六月五日、日曜日。第二回パリ大賞典。

一二四頭の登録がされていたが、最終的に出走は五頭のみとなった。その中に、イギリス馬は一頭のみ。ダービーを勝ったばかりの**ブレアアトル**だ。その対抗が、二歳で数々のイギリスのレースを制覇し、三歳ではディアヌ賞に続いて、フランス産馬として初めてイギリスのクラシック戦（オークス）に勝鞍をあげた**フィーユドレール**（父**フォーアバラー**、母**ポーリーヌ**）。その二頭を追って、**ボワルーセル**もなかなかの人気だ。

でも、**ブレアアトル**の二対七という人気にはフランスの馬はまったく届かない。**フィーユドレール**でさえ三対一、**ボワルーセル**は七対一だ（＊）。やっぱり優勝は無理なのだろうか。

前年もそうだったが、大方の予想どおりにはなかなかいかないものだ。まさかと思う、まったく見えていなかった馬が来る。この二回目のパリ大賞典で、**ブレアアトル**に半馬身先行してゴールに駆け込んだのは、大逆転の**ヴェルムート**というフランスの穴馬だったのだ！

ゴールよりも先に、参列していたナポレオン三世がいち早く帽子をとって立ち上がった。すると地も割れんばかりの大喝采が起こった。あちこちで帽子やハンカチが宙に舞った。人々は手を鳴らし、足を鳴らし、声を限りに叫び、涙も流している。あまりに予想外の展開で、よけいに感動がおさまらない。狂喜の興奮状態が、三十分近くやまなかった。

ヴェルムートは、撫でたくて押し寄せてくる人海から、警備員に守られてなんとか厩舎まで戻った。フランス人にとって、「イギリスを破った」という事実が、本命馬であれ穴馬であれ、夢のような喜びだったのだ。

この日、フランスの競馬は自信にあふれ希望に輝き、美しい未来の予兆に満ちていた。

＊三対一は、勝てば一フランにつき四フラン戻ってくる（＝四倍）。よって二対七は、勝てば七フランにつき九フラン戻ってくる計算（＝約一・二九倍）。

ゾラのパリ大賞典

フランス文学自然主義の代表作家エミール・ゾラは、『ナナ』という題の小説の中で、パリ大賞典の様子をまるで目の前のできごとのように描き出している。

設定は一八六九年、第七回目のパリ大賞典。

現実にはこの年、オーギュスト・リュパンの**グラヌール**という牡馬が優勝している。が、それとは別の馬たちが競い、それでもきっと沸いた興奮は同じだったはずの、ゾラのフィクションの世界をのぞいてみよう。

前年六八年には、事実でも小説中でも、優勝はイギリス馬のものだった。観衆にイギリス人多しといえど、数においてはフランス人がはるかに優勢。愛国心に燃え、もしも今年もイギリスにやられるなどということが起こったらいったいどうしてくれようかと、鼻息荒く、社交界の面々は集っている。が、どの馬に賭けるかという話になれば、イギリス馬に惹かれないこともない……。

小説の題になっている『ナナ』は、主人公である、女優にして高級娼婦の美女の名前である。アル中の父と洗濯女の母をもつ貧しい生まれのナナは、その美貌だけを武器に女優となり成功し、大富豪をパトロンに豪勢な暮らしを送っている。退廃した上流階級の風俗の表徴であるような彼女は、ある新聞で「金蝿」にもたとえられたことがある。汚物から生まれ、金色に輝き、たかったものを中毒させる。

そんな彼女が、畏れながらも心待ちにしていた、六月のパリ大賞典の日。どうして畏れるのかといえば、それは、ひそかに、自分の運命を賭けているから。賭けているというよりも、むしろ占っているという感じ。もしあの馬が来たら、私は運がいい。もし駄目だったら、私の将来も駄目だろう。占いと賭けは、もともとルーツが近いものだ。

だからナナは、興奮してやってきた。

ぜひともゴールの近くで見たいので、場所取りのために早々とやってきた。もちろん馬車で。しかも、その馬車は、とあるお堅い伯爵をしとめて贈らせた、パリ中で評判になっている豪華なランドー馬車である。それに四頭の白馬をつないで、二人の御者のほかに馬丁も二人を伴って、特別に仕立てたまばゆいドレスに身を包んで、花とシャンパンを山と積み込んで、やってきたのだ。

この日のために作ったドレスは、ヴァンドゥーヴル厩舎の色である青と白を使った奇抜なデザイン。ちょっと馬術服を意識したつくりで、それにあわせて髪型も凝っていて、騎手帽のようなのをつけ、結った髪を馬の尻尾に見立ててある。

ヴァンドゥーヴルは旧家の貴族だが、競馬をはじめあらゆる賭け事に蝕まれ、今ではナナという金蠅にもたかられ、破滅寸前。この日は、のるかそるか、一か八かの勝負に出ていた。

彼の厩舎からは、大賞典レースに二頭登録されていた。一頭は**リュジニャン**という牡馬で、前月に大きな賞を二つも勝っているので、たいへんな人気になっていた。一番人気で二対一である。もう一頭は、情婦ナナの名前をつけた牝馬だったが、こちらはディアヌ賞も無残な負けかたをし、**リュジニャン**と走ったレースもまったくの着外だった。

ナナ自身も馬券を人に頼むとき、

「あなたの好きな馬を買っておいて。でも、**ナナ**は駄目よ、あれは駄馬だから！」

と言う始末である。賭率はなんと五十対一で最低の人気。

「あら、あたし、ずいぶん安いのね……」

ほかに、大賞典レースの出走馬は、**スピリット**（三対一）、**ヴァレリオ二世**（三対一）、**フランジパーヌ**（十対一）、**コジヌス**（二十五対一）、**ブーム**（三十対一）、**ビシュネット**（三十五対一）、**アザール**（四十対一）。全部で九頭。

二番人気の**スピリット**が、イギリス馬である。**ヴァレリオ二世**も同率だが、勝負の山は**リュジニャン**か、**スピリット**かだろう。

ナナ自身は、イギリス馬は買いたくないと思っている。ヴァンドゥーヴル厩舎の馬を買うつもりでドレスも色を合わせたのだが、**リュジニャン**は騎手がいつもとちがう。今日乗るのは、それまで**ナナ**に乗って一度も来たためしのない、グレシャムなのだ。迷う。けれど、ヴァンドゥーヴルは前日にクラブで**リュジニャン**に千ルイ（二千万円）も賭けたという情報があるし、一方、**ナナ**には一ルイも賭けていないという。馬主がそうであるのなら、やっぱり**リュジニャン**を買うべきだ。

ヴァレリオ二世にも少しはっておこうか。あの馬主もいい顔をしていた。そういうのは何かの兆しにちがいないから。

ナナの陣取ったのはコース内側のプルーズである。馬車はほかにも次々に到着する。それぞれに着飾った女たち、連れの紳士たちが乗っている。騎馬の伊達男も多い。

コースをはさんで向かい側、スタンド席とその近辺には看貫場の囲いがされていて、番人がいる。ここには誰でも入れるわけではない。とくに「街の女」は禁止なのだ。

皇族席には、皇后陛下とそのお客様であるスコットランドのプリンスの顔がある。

プルーズのほうでは、花柳界が白日の下にくりだして、「街の女」たちの有名どころが、華々しさを競っている。ナナはまるで媚薬でも振りまいたかのように、いつしかプルーズ中の人間の上に君臨してしまう。ライバル女優たち、商売がたきの女たちはぷりぷりしている。

さあ、では、そろそろ持ってきたお弁当を広げてピクニックにしましょうか。そうしていれば、お待ちかねのレースもすぐでしょう。シャンパンの酔いも回ってくるでしょう。

期待と同時に、苦しい不安もつのってくる。もし今年もイギリスにやられたら……。ああ、早く、始まってしまわないかしら。

しかし、どうしたのだろう、馬券屋の様子がおかしい。賭率を次々に書きかえているのだ。**ナナ**だ。あの駄馬、昼前に五十対一だった**ナナ**が、四十から三十、そして二十五、二十、ついには十五まで上がってしまった。買い手は混乱してくる。たしかに、さっきから、娼婦ナナの競売のような遊びになって、一ルイ（約二万円）、二ルイと、冗談まじりに駄馬の**ナナ**に賭ける男たちがいた。しかしそんなはした金で、ここまで率が変わるものではない。

ヴァンドゥーヴルが、ナナに顔を見せにプルーズまでやってきた。彼に、賭けるべき馬について聞いてみよう。看貫場の中も案内してもらおう。街の女が入場禁止でも、馬主と一緒ならば入れるのだ。

だがヴァンドゥーヴルは、レース前で気が昂ぶっているらしく、いつもの落ちぶれた貴族特有のおおらかな余裕がない。

「賭率が上がるのは、人が賭けるからだよ。誰がって、わしは知らんよ」


看貫場の中は、馬券屋以外はたいして面白いものもない。

馬券屋というのは、ここではブックメーカーである。売り手の決めた賭率で、買い手が買う。ミュチェル方式（投票制）という、買った人が多いと払い戻し額が小さくなる配当の仕方は、当時始まってはいたがゾラは触れていない。ブックメーカーたちは自分のところで買ってもらおうと、わずか賭率を調整するなどして、しのぎを削っている。

ナナは看貫部屋を見るのを楽しみにしていた。体重を量るのだ。あんな大きな馬の体重を量るのには、いったいどんな大きな秤があることだろう。しかし、見たのは「郊外の駅の荷物室」のような狭い部屋だった。

〈なんてこと！　騎手しか量らないのね！　こんなにもったいぶっちゃって！〉と、心の中で思う。

フランスでは現代でも騎手しか量らない。馬の体重を量ると思っていたなんて言ったら、きっと大笑いの種になってしまう。

看貫場を出る間際、あれがプライス、ヴァンドゥーヴルのもう一人の騎手であると、少し離れたところから教えられる。

「ああ、あたしに乗る人ね（笑）」

と、愛嬌をまじえて答えるが、見ればひどく醜いジョッキーだ。「干からびた爺さん坊や」のように思える。

〈とても駄目だわ。あの騎手じゃ、いい運はつかめっこないわ〉

ナナはやっぱり、なにか運だめしのような気持ちでいるのだ。彼女はこれで、とても神様を畏れているので、真剣な運だめしなのである。今のような生き方でいったい将来どうなってしまうかと思うと、祈らずにはいられない。自分にはどんな将来が待っているのか、きっとこのレースが垣間見せてくれるにちがいないのだ。

スタートがぎりぎりに迫っているのに、**ビシュネット**が出走を取り消し、八頭立てとなる。一度にわか雨が通り過ぎ、草は濡れ、泥で真っ黒になっていた。そこへ、しばし隠れていた六月の強烈な太陽が顔を出した。

ちょうどそのとき、コースに出走馬が入ってきた。申し分ない立派な姿の**リュジニャン**に続いて、**ナナ**が姿をあらわす。この馬がまた光り輝いてとても美しい。ライバルの名前のついた牝馬の美しさに、ほかの娼婦や女優たちが腹を立てるほど、美しいのだ。

インスピレーションを得て、ここで馬券屋に注文を出す者もいる。プルーズの人々はスタート直前のこの瞬間しか、馬を見ることができない。賭けが締め切られ、いよいよ、勝負の瞬間である。

スタートは三回失敗し、四回目に真っ赤な旗が下りて有効になる。

アザールと**コジヌス**がリードする。その次を追う**ヴァレリオ二世**の調子が良い。その後ろに、**リュジニャン**と、**スピリット**。**ナナ**がその尻についてふんばっている。

先の二頭が落ちてくる。**ヴァレリオ二世**が頭に立つ。が、きっとその後手に差されるのにちがいない。それは**リュジニャン**か、憎きイギリス馬**スピリット**かだ。しかし、**リュジニャン**には早くも疲れが見えている！

またやられるのかと思うと、神がかり的な、狂気にも似た観衆の祈りが、**リュジニャン**に集中して高まってきた。馬たちは飛ぶように遠ざかり、コースはぐるりと回り込む。

競馬場の中央には大きな木の茂み（プチ・ボワ）があり、その後ろへ飛び込んで姿を消す。

……息を呑む。

さあ、出てきた！　茂みから、一頭ずつ飛びだしてきた。先頭は**ヴァレリオ二世**が守っていたが、**スピリット**に追い上げられているところだ。**リュジニャン**が遅れている。

いや、あれは**リュジニャン**ではない！　勝負服が同じなので見まちがえたが、濃い鹿毛の彼ではなく、栗色に輝くブロンドの、あれは**ナナ**だ！　**ナナ**が、上がってきたのだ！　**リュジニャン**

は四番手まで落ちていた。

馬群は正面にかかり、いよいよ接近してくる。場内の人々の血が沸き立つのが、耳の中でドクドクと聞こえる。人々は走り、柵へおしかけ、声を限りに叫ぶ。人波は荒れ狂い、ひと呼吸ひと呼吸が嵐となって鳴りわたる。

ヴァレリオ二世がのびず、**ナナ**が出る。**スピリット**との差はあと半馬身ほどにせまっている。ランドー馬車の座席の上に、呆然と目を見開いて立ちあがっているナナは、まるで自分が今走っているあの馬になったかのように、腰をはげしくゆすっていた。

決勝地点！

誰もが目をむき出して、声をからして、驚異の瞬間を見守っていた。あの「干からびた爺さん坊や」が、火を吹くような勢いで**ナナ**をゴールに投げこみ、首の差で**スピリット**を破った。

嵐のような喝采と地響きの中、優勝したのは**ナナ**だった。

ナナ！　**ナナ**！　**ナナ**！　**ナナ**！

まるで幻覚のよう。自分の名前がすべてを揺るがしている。自分が世界を揺るがしている。**ナナ**号は、勝ったのだ。

ナナが自分の運命を賭けていたのは、**ナナ**号の勝利にではなかった。よくは分からない、何かだった。でも、この運だめしは、結果的に思いもかけなかった大勝利をナナ自身にもたらしたのだ。

もっとも、**ナナ**号の優勝には、誰もが疑心を抱いた。当然、何かあると勘ぐった。ヴァンドゥーヴルは、じつはちょっとしたいかさまをやっていたのだ。

ナナは替え馬ではない。駄馬だったときも、優勝馬となったときも、同じ本物の**ナナ**だった。が、トリックは騎手である。駄馬の**ナナ**に乗ったグレシャムは、走りを抑えることが役目だったのだ。だから一度も来たためしはなく、今回乗った**リュジニャン**も結局こなかった。今回**ナナ**に乗ったプライスは、イギリスでは有名な騎手だがフランスではあまり知られていない。これも、**ナナ**の賭率を抑えるのに役立った。

だが、**ナナ**の本質は、駿足の名馬なのだ。からくりはこうだ。ナナに駄馬の仮面を被らせて賭率を大きくしておいて、裏で友人に頼んで賭けさせる。どんでん返しの大穴を開けて、自分はひとつ当ててみせようというのだ。

こういうやり方はしかし、非難とは逆に、大した腕前だとして尊敬を買うような風潮だった。自分の厩舎を思うままに操るのは、いくらでも例のあることだ、とゾラはしている。とにかく大多数の人は、このヴァンドゥーヴルの「一発」はすごい腕だと思った。平均三十対一で二千ルイ（四千万円）賭けたとすれば、百二十万フラン（十二億円！）の儲けになる。

この天文学的な金額の大きさが尊敬を集めて、何もかも大目に見させるのだという。ちょっとのズルならせこいことが、桁外れとなると、すばらしい快挙になるのだと。

ところが、せこいことがばれてしまう。

表向きに買った馬券分のはした金を回収しようとして、いかがわしい馬券屋を抱きこんで頼んでおいたのだ。**リュジニャン**は来ないという情報を与えて、見返りを要求したのだろう。だがその馬券屋の男は、**リュジニャン**だけでなく**ナナ**も来ないと思っていたので、とんだ大損に真っ青になった。それで、からくりをばらし、スキャンダルにしてしまった。

競馬審査委員会が招集されることになった。そうなると、もうおしまいだ。尊敬を集めた「すばらしい一発」はふいになってしまう。一巻の終わり。ヴァンドゥーヴルは文無しになり、破産は確定し、競馬協会からも、さまざまなクラブからも除名される。

その夜、彼は、自分の厩舎に馬たちと一緒に閉じこもり、火を放って焼死した。

ヴァンドゥーヴルは競馬で身を滅ぼしたわけではない。賭け事のせいで落ちぶれたのはたしかだが、最後のとどめは、むしろナナという金蠅だった。競馬は、彼に最後の希望を抱かせてくれた。馬の**ナナ**は、本当の名馬だった。

ところであの日のナナの馬券はどうなったかというと、人に頼んで選んでもらったのと、自分で選んだのがあったが、自分で選んだのは、**リュジニャン**に二百フラン（二十万円）、**ヴァレリオ二世**に百フラン（十万円）だったので、これらははずれ。人に頼んだほうが、当たり馬券だった。

その人は、ヴァンドゥーヴルの傘下の者だったので、「**ナナ**は駄目よ」と言われてはいても、

ナナを買ってくれていた。千フラン（百万円）。この人が買った馬券屋が、あの、**ナナ**は来ないと思っていた男のところだったので、賭率が四十対一にしてあった。しめて、四万フラン（四千万円）の儲けである。

翌々日、その額を現金で受け取っても、ナナは不機嫌だった。

「だって分かってさえいたら、百万フラン儲けたはずだもの」

まったくゲンキンな娘だが、この運だめしは実際、その後のナナの波乱万丈の短い花の命を映し出していた。大輪の花ナナは、パリの女王となり、世界の女王となるのだ。

ゾラの描いた第二帝政期のロンシャンの賑わいは、このようなものだった。名馬**ナナ**のモデルには、**フィーユドレール**も一役かっているのではないだろうか。**フィーユドレール**はパリ大賞典に優勝してはいないが、パリの女王、世界の女王となるにふさわしい馬だった。

ロンシャンの弟分、ドーヴィル

十九世紀の初頭あたりから、フランスの上流階級に海水浴という習慣が広まりはじめた。これも出所といえばイギリスからやってきた習慣だったが、初めのうちは、病気治療を目的として医者が処方するものだった。

数十年もすると、それが流行になった。特に、トゥルーヴィルというノルマンディの海岸の町は、貴族たちの間でひそかに人気があった。保養地の別荘として建てられたヴィラが町に増えはじめると、今度は成金たちもこれに遅れまいと注意をよせた。

モルニーの友人であるオリフという名のアイルランド出身の医者が、ここに別荘を持っていた。トゥルーヴィルには、避暑や治療に来た金持ちのための娯楽施設としてカジノがあったが、オリフはそのカジノ内でサロンを開いたりもしていた。

ある夏の日、モルニーはオリフに招待されて、この海辺の町を訪れた。

オリフは、相談事があった。

「この川の向こう側に、トゥルーヴィルの延長の町を造ったらどうだろうか。もうこちら側では、成金が増えるのに不満が出てきているから、町を広げるとしたら川の向こうしかない」

トゥルーヴィルは、トゥーク川が英仏海峡にそそぐ河口の右岸の町である。左岸は、ドーヴィルというひなびた村落で、まだ開発されていない土地が延々と横たわっていた。モルニーはドーヴィルの浜辺をひと目見て、開発の提案をひと言聞くや、ふたつ返事で首を縦にふったのだった。

いつもそうだ。儲かるアイデア、しかも同時に社会への貢献、よって自分の名声を高めるのに役に立つアイデアというのは、モルニーの頭の中でまず啓示を受けたかのように生まれ、すると次々に芋づる式に、最良の手段、最強のコネ、最高の謳い文句が浮かんでくるのだった。時間はとらない。早い行動。クーデタも、この行動力だった。頭が良いのだ。そして、なにより勘が鋭いのだ。

モルニーは金融業者も入れて不動産会社を立ち上げ、ドーヴィルの自治体から、モンカニジーという小高い丘とその周辺の沼地を買いとった。そこを開発し、分譲して売るわけだが、一八五九年から二年間のうちに、地価はなんと三十倍にもはね上がったのだ。そのさらに二年後には、ここまで鉄道が延びてくる。

だが売って儲けるだけでは、面白くない。モルニーの最終目的は、そこではなかった。この新しい街を「自分の街」として造りたかったのだ。ドーヴィルは、沼地の中から彼が息吹を与えて生じさせた、「モルニーの」街なのだ。パリがナポレオン三世の街であるように。

モルニーは自らもヴィラを建てて模範を示した。街というのは、家があって人がいて、活気がないといけない。ナポレオン三世も建てた。友人たちもそれぞれに瀟洒なセカンドハウスを建てた。富豪がそれぞれ遊び心で建てたので、ドーヴィルにはスイスの山小屋風の家、オランダ屋敷、イギリス風、それに伝統ノルマンディ式などなど、さまざまな建築様式の別荘がならび、展示会場のような賑やかさが出た。バカンスの気分にもってこいだ。夏には、社交界をパリからこの海辺へと移動させるのだ。

モルニーは、だが、知っている。別荘とビーチだけで金持ちが満足するわけがないと。娯楽施設が必要なのだ。パリで成功した、あの競馬場が必要なのだ。

まずはトゥルーヴィルの潮の引いた砂浜で、一八六三年の夏のこと、数レースを開催して話題づくりとした。

その翌年にドーヴィル競馬場ができあがった時には、社交界でもう知らない人はいない。ロンシャン開場から七年後に生まれた弟分の顔をぜひ見なくてはと、人々はもう待ちきれない気持ちでいっぱいになっていた。

八月十四日、快晴の日曜日、パリの社交界と政界の人物を招待して、開場式はとり行われた。ル・アーヴルとオンフルールの港から、六隻の蒸気船が観衆を運んできた。前年に開通した鉄道も、車両数が普段の三倍に増設されていた。競馬場への動員数は予想をはるかに上回り、この日の中心人物であるモルニーは、賑やかな人の出とその上にふりそそぐ陽光を見て、感慨に浸るのだった。

この土地に、これだけの人が集まるのは、史上初めてのことなのだ。たった五年前には、数件の漁師の家しかない、田園の中の丘だったのだ、このモンカニジーは。

モンカニジー……、はて、どこかで聞いたような。

そう、その昔、フランスに公式競馬が存在しない時代に、ある変わり者が競走馬の牧場を作ったのは、ここではなかったか。モンカニジーは、ドーヴィル競馬場のできる百年前、反骨精神のあの貴族、ローラゲー伯爵の所有地ではなかったか。モルニーは、知ってか知らずか、その地で競馬を開催し、結果的にその地を世界有数の競走馬生産地へと発展させることになったのだ。

ローラゲーは、それよりちょうど一世紀前に、このモンカニジーから英仏海峡を臨んで、イギリス競馬にはるかな想いを駆けめぐらせていた。――ここでいつか競馬開催ができれば、もっと競走馬を育てられるのだが。そしてそうなれば、タッターサルがロンドンでやっているような、馬のオークションというのができるのだが——。それらの想いは実らぬまま、巨万の富は崩壊し、ひっそりと世を去ったローラゲー。パリの小さなアパルトマンで九一歳で亡くなるまで、図書館から「借りた」本にうずもれて、科学や物理やなにやら研究していたそうである。

ローラゲーの見果てぬ夢は、二十世紀にはすべて現実化した。ドーヴィルといえば「馬の町」というほどに、競馬も調教も馬産もオークションも、この土地になくてはならないものとなった。乗馬やポロも盛んである。彼が見たら度肝を抜かすことだろう。

「なにを馬鹿なことやっているのだと、みんな笑っていたではないか!」

とでも、言いたくなることだろう。

そんな爽快なことをやらかしたのは、ローラゲーと同じように女と馬と賭け事にうつつを抜かしたモルニー公だった。この二人はルイ十五世を通して遠い親戚関係にも当たるのだ。ドーヴィル競馬場の落成を祝うモルニー公は、しかし疲れのせいか熱があって、真夏の太陽の下にいて、どうにも寒気がおさまらないのだった。

モルニーは、翌年のドーヴィルシーズンには、もうこの世にいない。それより五ヶ月前の三月十日に他界していた。体の不調は訴えていたものの、あまりに急な旅立ちだった。

「モルニーにドーヴィルを売った男」であるオリフは、本業は医者である。モルニーは長いこと、オリフから「奇蹟の真珠」と彼らの呼ぶところの、ある薬を処方してもらっていた。

軍にいたころ、オルレアン公フェルディナンとアルジェリアに遠征したときには、公爵ともども赤痢にかかったし、一八三二年にパリでコレラが流行ったときにも、ひどく具合を悪くしていた。そのころから、胃腸の調子がずっと思わしくなく、オリフに出会って「奇蹟の真珠」を試してみると、これが非常によく効くことが判明した。

ところが、「奇蹟の真珠」は、胃腸にだけ良いのではなかった。男性の、精力増進剤でもあったのだ。モルニーの女好きはとどまるところを知らなかったが、いったい、女性のためにこの薬が欲しかったのか、それともこの薬を飲むがゆえに女性が欲しくなったのか。

もう自分が死ぬと分かって、あと残り数日と悟るや、「死ぬ準備」として彼がしたのは、浮気相手からの恋文を焼き捨ててもらうことだった。若い奥様がいたので、悲しませたくないと思ったのだろう。が、それでも残っていた手紙がその後どこからか出てきて、バレてしまう。とにかく、その恋文には、今日明日のデートの約束まで書いてあったのだから、よほどの情熱家だったのだ。

もっと問題なのは、じつはこの薬を飲んで死んだ者はほかにもたくさんいたということだ。「奇蹟の真珠」の主要成分は、なんと、砒《ひ》素だったのだ。

モルニー亡き後、異父兄とその帝国の火も燃え尽きていく。わずか五年の後、普仏戦争が勃発し、帝国は崩壊し、ナポレオン三世はイギリスに亡命する。

一八六五年夏のドーヴィルでは、モルニーを追悼して彼の名前を冠したレースが創られた。モルニー賞（G1）は現在も引き続き行われている。

第八章

栄光の日

英雄の仇を討つ男

ちょっとまた少しばかり昔の話。

エルバ島を抜け出したナポレオン一世は、フランスに戻って再君臨を果たす。これが有名な百日天下である。そしてイギリス・オランダ・プロシアの連合軍とワーテルローで戦を交える。ここで大敗を喫して、セント＝ヘレナ島まで追いやられてしまうのだ。

このワーテルローの戦いに敗れたのが、一八一五年の最も昼の長い頃、六月十八日のことだった。

ちょうどこの時、ノルマンディ地方のユール県にあるダンギュ城では、名門ラグランジュ家の奥方が大きなお腹を抱えていた。三日後に、元気な男の子フレデリックが誕生する。父親ラグランジュ将軍は、もう引退してはいたが、ナポレオン軍の隆盛な時期に帝国将軍を務めていた勇猛な武将だった。

フレデリック・ド・ラグランジュ伯爵は、このころの貴族の子息にふさわしく、二十歳の時に、当時できたばかりのジョッキークラブの会員となる。競走馬はまだ所有していないが、「クラブ会員」であることは、これからの処世の上で重要な、必要な、名目と環境だった。

それからラグランジュ伯爵は順調に出世の道を歩み、県会議員となり、国民議会議員にも当選する。国はルイ＝ナポレオン大統領の第二共和政の時である。当然のようにボナパルト派のこの代議士は、大統領の政策に、続いては皇帝の政策に、ずっと忠実な支持を守った。政治家であるほかに、ラグランジュは大事業家でもあった。

競走馬の厩舎を持つのは一八五六年、四十一歳になってからのことで、ロンシャン競馬場が落成する前の年である。この年、アレクサンドル・オーモンがレース厩舎を売りに出すことになったのだ。あの、オーモンである。トンティーヌ事件でセイムール卿を煙に巻こうとしたウージェーヌ・オーモンの弟の、オーモンである。彼のヴィクト牧場は、セイムール卿が馬産をやめて以来、最良牧場にのし上がっていた。ジョッキークラブの会員であるラグランジュ伯は、競馬界の動向にはよく通じていたし、ロンシャン競馬場が開場すればどんな影響が出てくるのか、予想しないほど世間に疎くはなかった。

ラグランジュ伯には姉が三人いたが、城の跡取りは末息子の彼である。三十五歳で結婚した十八歳の奥さんがその翌年に亡くなり、再婚するがまた男やもめとなってしまう。一人いた子供も小さいうちに亡くしてしまった。後継がなく、どこに情熱を注ぐかというところで、馬という委任の相手を見つけたのかもしれない。彼は巨額の財産を馬につぎ込んでいく。

とにかく、ラグランジュ伯はオーモンの厩舎を買った。その買い物の中に、**モナルク**という四歳の牡馬があった。ヴィクト牧場で生まれたこの**モナルク**の母は、かの名馬**ポエテス**（**ロイヤルオーク**の娘）。セイムール卿の勝負服で一八四一年のジョッキークラブ賞に優勝した馬である。**ポエテス**は**マスターワッグズ**との間に**エルヴィーヌ**という名牝馬を産んでいた（一八四八年）が、なかなか気難しくて、その後あれこれと種牡馬をためしても、受胎に成功しなかった。そのため**モナルク**を宿すまでに三頭の種牡馬を使ったのだが、そのうちどれが実の父親なのか、分からずじまいになってしまった。三頭の名前は、**ザバロン**、**スティング**、**ジエンペラー**という。三頭とも、**モナルク**の父として登録されている。三頭の父を持つ馬、**モナルク**。

このモナルクがオーモンの時代からラグランジュの時代へと橋を架けた馬なら、シャン・ド・マルスとロンシャンとの間をつないだのも、まぎれもなく彼だった。フランスで最初に大衆的スターとなった、「時の馬」である。

シャン・ド・マルスで走ったレースに、**モナルク**はすべて優勝した。シャンティイでも三歳時にジョッキークラブ賞を制覇。イギリスでも走って、五歳でラグランジュ厩舎からグッドウッドのゴールドカップに出走し、重量の優遇なしで優勝した。この快挙はフランス馬としては初めての功績だった。それまでにもこのレースの優勝馬は出ていたのだが（*）、「大陸の馬」に対してはずいぶんと重量が軽くされていて、イギリス人はそんな優勝を優勝とは認めたがらなかった。それで重量優遇がなくなり、それに**モナルク**が初めて勝ったというわけだ。

そして彼の五歳の年にロンシャン競馬場が落成し、人々は**モナルク**の姿を見たくてブーローニュの森へと押しかけた。なぜなら**モナルク**は「この世紀の最も美しい馬の一頭」であり、「走れば必ず勝つ馬」だったから。

モナルクは六歳の時（一八五八年）にエプソムのグレート・メトロポリタン・ハンディキャップで故障して、繁殖生活に入る。これからが、ラグランジュ時代の本当の**モナルク**の活躍の始まりである。

ラグランジュ伯がフランスで生まれ育った馬をはじめてエプソムダービーに出走させたのは、それから二年後のことである。自分の城と同じ**ダンギュ**という名前の馬だった。ダンギュ城の土地には生産牧場ができていて、そこで生まれた仔馬に同じ名前をつけたというのは、それなりの希望があってのことだ。ダービーでは三十頭出走した中で四着に入った。賭率は二百対一だったので大健闘だ。選んだ方向に間違いはないと、確信をもつ。

ダービーで大穴だったのも当たり前。**ダンギュ**以前のフランスの馬主による挑戦は、一七八四年のシャルトル公の持ち馬**カンタトール**まで遡るのだ。この馬はイギリス産だったので、フランス生まれの馬によるダービー挑戦は**ダンギュ**がはじめてだった。はじめてにして、四着である。

伯爵は、ダンギュ牧場を生産地として管理し、イギリスではニューマーケットに、フランスではロワイヤリユ（シャンティイから約四十キロ）にそれぞれ調教場を持ち、どちらにもイギリス人調教師をおいていた。ニューマーケットはトム・ジェニングスが、ロワイヤリユはチャールズ・プラットが担当した。もう後へは引けない、徹底して馬の世界に踏み込むのである。

翌年、一八六一年のダービーでは、**ロワイヤリユ**（調教場の地名と同じ）という名の馬で、十八頭中、前年の**ダンギュ**と同じく四着に入る。もうまぐれでも偶然でもない。

ラグランジュ伯の馬は、ほかにも次々とイギリスのレースに出走していく。当地でも彼の馬は注目を集めるようになっていた。同年秋にはケンブリッジシャー・ハンディキャップの一着、二着を手にし、その翌年には**モナルク**の最初の仔世代が、ニューマーケットで優勝をおさめる。六三年にもイギリス進出は続く。

六四年には、あの**フィーユドレール**が、伯爵の勝負服の騎手を乗せてディアヌ賞を勝った後に、続けてイギリスのオークスを奪いとる。（**フィーユドレール**は、ずっと先祖をたどると**キングペピン**と同じ系列になることが分かっている。）それまで、フランスの馬もほかの国の馬も、一頭たりとイギリスでクラシックレースに勝ったことはなかったのだ。

ついにここまで来た。さあイギリスよ、以後、警戒せよ！

ラグランジュ伯はその競馬人生の中で、ディアヌ賞を全部で五回、ジョッキークラブ賞を八回も勝ち取ることになるが、彼の目ははじめから、国内よりもむしろイギリスに向いていた。四十代になってから厩舎を始めるに当たって、固く心に誓ったことがあった。それは、「フランスの馬でイギリスのダービーに勝つこと」だった。

今までイギリス馬しか勝ったことのない、イギリスの誇り、独占されたダービーを、フランス馬で制覇する。それが、フランスの皇帝がイギリスの武将に敗れた日に、帝国将軍の血を受けてこの世に生まれた男の誓いだった。

ナポレオンにとってたった一つの不可能であったイギリス上陸。もはやこの男のイギリス進出は誰にも止めることはできない。

＊一八四〇年にカンビ伯つまりムードン王室牧場の**ベッガーマン**（この馬はイギリスからの輸入馬）が、一八五三年にリュパン厩舎のフランス牝馬**ジューヴァンス**が、それぞれこのゴールドカップに優勝している。

君主と女戦士の子

フィーユドレールがセンセーショナルに活躍した年の秋、ラグランジュ伯の秘蔵っ子二歳馬のうちの一頭が、少し遅まきのデビュー戦をニューマーケットで走った。
この**グラディアトゥール**は、一八六二年六月十四日、ダンギュ牧場で生まれた。父は**モナルク**。母の名は**ミスグラジエーター**という。
ミスグラジエーターの両親はともにイギリスからの輸入馬で、彼女はフランスで生まれている。競走馬としてレースに出たことはおそらく一度きりで、それは記念すべき日の記念すべきレースだった。ロンシャン落成式の日の、第一レースだった。オーギュスト・リュパンの**エクレルルール**

の次着が、まだ無名のこの**ミスグラジエーター**だったのだ。

彼女は骨の病気があって肢が弱く、その年内（三歳）から繁殖牝馬として生涯をおくった。全部で八頭の仔を生み、うち六頭が**モナルク**の産駒だったが、その中の一頭をのぞいては、レースに出るような駿馬はいなかった。その一頭が、**グラディアトゥール**だった。

モナルクは、じつは**ミスグラジエーター**よりも好きな牝馬がいて、彼女の方を向かせるのにはその**リウバ**という名の娘を「あおり」に使わなくてはならなかったという。相思相愛ではなかったのだ、**グラディアトゥール**の両親は。

当歳馬（〇歳）のとき、**グラディアトゥール**は右後ろ肢に怪我を負い、あやうく競走馬としての生涯を閉じそうになった。その傷は一歳のときもまだ癒えず、そこの球節は肥大していた。

その年、つまり一八六三年に、**グラディアトゥール**の調教師、トム・ジェニングスは、ロンドンのブックメーカーのところで、六五年のエプソムダービーの優勝にこの馬を賭けた。三十対一で千ポンド（約二百五十万円）を賭けて、さらに、まだこの時点ではロワイヤリユにいた**グラディアトゥール**の試走をしてみて、いけそうならあと千ポンドを二十五対一で賭ける約束をしてきた。

試走をしてみて「いけそうだ」ということで、追加の賭けも賭けられた。合計すると、五万五千ポンド対二千ポンド。この賭けは、ラグランジュ伯とその友人らがトムから買い上げた。とはいえ「もしも勝ってしまったとき」のために、トムに一万ポンドの権利は残しておいた。

ちなみに、ダービーの賞金は六八二五ポンド（一億七千万円余）だった。これはこの時点で世界最高額のレース賞金である。

もしも勝ってしまったとき、とは謙虚なようだが、これには怪我のほかにもいろいろもっともな理由があった。実際には一走だにレースに出ていないうちのことである。二年後のダービーへの賭けなのである。それと、何よりも心配されたのが、怪我に加えて、**グラディアトゥール**の肢の病気である。母親ゆずりの舟状《しゅうじょう》骨炎という持病があって、ロワイヤリユの調教師チャールズ・プラットも「びっこを引いている」とトムに知らせていた。トムは「自然の成すのに任せよう」と答えていたそうである。そんなときに賭けた賭けだった。

それから**グラディアトゥール**はイギリスに渡り、二歳でイギリスのレースコースにデビュー。優勝レースも含め、秋に三走。怪我や病気のうえ、晩生でもあって、遅く地味なデビューだった。

年を越えて三歳。サラブレッドにとって「三歳」の意味するところは深長だ。春には**グラディアトゥール**は二千ギニーに出走する。が、一月と二月は跛行《はこう》がひどくて調教は思うように進んでいなかった。またもやコンディションは良くないのだ。

グラディアトゥール（闘士）はしかし、走るために、闘うために、生まれてきたのだ。闘うことによって、肉体の痛みをも忘れることができたのかもしれない。

当時の証人はこう語る。

「競馬場へ移動するときに使うグリーンのワゴンが厩舎の中庭に運ばれてくると、両耳をピンと立てて、はやくそこに乗りたがったものです。その瞬間からレースが終わるまで、**グラディアトゥール**は自分の不倶を忘れているかのように見えました」

彼の激しい闘争心のためか、あわせ馬の役を演じる**ルマンダラン**以外は、一緒に走ればつぶれて駄目になってしまう可能性もある、恐ろしい馬だった。**フィーユドレール**でさえも、走る意欲をなくしてしまうのだ。

ルマンダランだって、近くに**グラディアトゥール**がくると恐怖で震えるようになったという。ただ、**ルマンダラン**は、**モナルク**とその想い馬**リウバ**の仔なのだ。兄弟の**グラディアトゥール**のために義理を通してくれたのか……。

二千ギニーのレースは五月二日。

この回から、騎手がグリムショウに乗り替わった。それまでのエドワーズは何かやましいことをやっていたようで、ラグランジュ伯に馘《くび》にされてしまった（**フィーユドレール**のパリ大賞典で、三位入線だったが検量に来ず、失格となった）。新しく起用されたグリムショウは、それからずっと、最後のレース以外、**グラディアトゥール**とともに駆ける。

当日までに**グラディアトゥール**は十八頭中の五番目まで人気が上がって、まああの期待の馬となっていた。前年の**フィーユドレール**のオークスのこともあったので、イギリス人も警戒していたのか。が、実際に馬を見てみると、なんとも鈍そうな様子で、とても勝つとは思えなかった。

一番人気に推されたのはイギリスの**ベッドミンスター**。この馬は二歳の時**グラディアトゥール**に勝っている。

距離は一六〇〇mである。

この時代には頻繁なことだったが、今回のレースも、まずはスタートのやり直しが続いた。スターティングゲートはまだない。

何度目かにやっとスタートが有効になると、コース中ほどで、**グラディアトゥール**は三番手を走っていた。ゴールまであと一ハロン（二〇〇m）の地点で苦闘の末に先頭の二頭を抜いたが、後ろを追い上げてきている馬がいる。その**アルキメデス**をなんとか首の差でふりきって、そのまま決勝点に突っこんだ。もう一つの首の差と頭の差で抜いた二頭がそれぞれ続き、それから**ベッドミンスター**がゴールを通過した。息の詰まるなだれ込み、ギリギリの勝利だった。

だが勝ちは勝ちである。二歳時にも有望ではなかったし、見た目も速そうではない馬だったので、観衆の驚きはひとしおだった。後になってふりかえってみれば、これが**グラディアトゥール**のキャリアの中でもっとも危うい勝利だったことになる。

グラディアトゥールは、父親とちがって、端正な馬ではなかった。当時のサラブレッドにしてはとても大型で、第一印象は競走馬のようには見えないのだった。それに、舟状骨炎のほかに球節にも異常があって、不正肢勢だった。全体的にどこか狩猟用の馬を思わせる、良く言えば野性的な、悪く言えば野暮ったい雰囲気を漂わせていた。それでも、父親と同じく「走ればかならず勝つ馬」となると、誰もがすばらしく美しい馬だとほめちぎったという。

ひとつ、トム・ジェニングスによる冗談めいた話がある。

ヒーローとなった**グラディアトゥール**を一目見たいというお客様がたを連れて、トムは厩舎を案内していた。**グラディアトゥール**の馬房の前で立ち止まり（何の表示板も出ていない）、「これは、私が雑用で馬車を走らせるときの馬です」と説明する。

「おお、なんと醜い馬でしょうね」と客の一人が答えると、一同が意見を同じくする。

それで、一巡りが終わってしまうと、客人たちはもの足りなそうにトムにたずねる。

「あのう、まだ**グラディアトゥール**を見ていないのですが」

そこで、トムは再び、あの馬房の前に一同を案内するのだと……。


さあ、二千ギニーを終えて二十九日の後である。第八十六回ダービー・ステークスは。シナリオはできた。君主（**モナルク**）と女闘士（**ミスグラジエーター**）との間に生まれた障害を抱える醜い子が、国家的な栄誉を賭けて戦うのだ！

ここで会ったが五十年目

ほぼ慣例となってしまった「スタートやり直し」が、このレースでも始まった。またもや、走り出してしまった馬をスタート地点まで戻して、並ばせないといけない。

三度目ともなると馬たちの興奮は制御しがたくなってくる。四度目か五度目かに、**ジョッキー**という名前の馬が暴れて、自分の騎手を振り落とし怪我をさせてしまい、棄権となる。ダービーの発走予定時刻は三時だというのに、もうじき四時をまわってしまう。

やり直しが八回目にもなれば、これだけで消耗する。騎手たちは罵声をはりあげて、なんとか馬を落ち着かせようとしている。二年前にはなんとこのダービーで三十四回のスタート無効があったのだ。これは、スターティングゲートの導入により、もはや更新されることはなくなった最多記録である。

「**ブリーダルバーン**を疲れさせてしまおうっていう、魂胆じゃないかね」

「ほかの馬だって同じように疲れますよ、これでは」

「といっても、まだ**グラディアトゥール**のほうが余裕がありそうですよ」

「やっぱりフランス人の陰謀ですな、これは」

観客は口々に勝手なことを言う。賭けはもうすませてある。

三十頭の出走馬のうち、今回は**グラディアトゥール**が五対二で一番人気に推されていた。イギリスの誇る優勝候補が**ブリーダルバーン**で、七対二。ほかには、二千ギニーでも良い走りを見せた**アルキメデス**が、十対一。それに、**グラディアトゥール**と同厩舎から兄弟の**ルマンダラン**も出走する。この馬は、たった三日前に、ジョッキークラブ賞で二着に入ったばかりだ。その時に使ったエネルギーは回復したのだろうか。シャンティイからエプソムまでの移動はスムーズにいったのだろうか。

天気は良いけれど、五月三十一日にしては肌寒い。地面は乾いている。コースは芝だが、馬蹄からは土埃が舞いあがっているのが見える。

四時をまわり、全部で九回の無効発走の後、十回目。スターターが旗を振り下ろし、馬が走り出し、今度こそ、待たれていた鐘の音が響いた。スタート有効。

ざわめいてだれつつあったスタンド全体が、一瞬だけ息詰まったようにしんとなり、それが鐘の音とともに一時停止を解かれる。ため息のようなざわめきは再スタートしてみるとボリュームが倍に上がっている。馬群を双眼鏡で追って、自分の応援する馬の勝負服を探すグランドスタンドの観客たち。後ろの人にも見えるように、帽子を取るのがマナーである。口々に、馬の名、騎手の名が叫ばれる。

急な下り坂のタッテナムコーナーを回ってしまえば、あとは直線でこのスタンド前を通ってゴールに突っこむだけだ。コーナーにさしかかるころには、観客の双眼鏡はそろって左を向いている。叫び声が次第にクレッシェンド。

タッテナムコーナーは**クリスマスキャロル**という穴馬（二十五対一）が先頭で回った。**グラディアトゥール**は馬ごみの中にいる。この下りのカーブでは、大外にはじき出されないように注意しないといけない。

さあ、グランドスタンドへと雷鳴が向かってくる。**クリスマスキャロル**に続いているのは、**エ**

ルザムという百対一の大穴馬だ。しかし馬ごみはコンパクトで、まだ、何がどう来てもおかしくない。先頭の二頭を応援する観客は声を限りに名前を叫んでいる。

そこからだった。ゴールまであと一ハロン。突然、電気が走ったかのように、**グラディアトゥール**が出てきたのは。グリムショウがムチをふるった。

クリスマスキャロルと**エルザム**の名前を交互に叫んでいたスタンドは、あまりに突然の展開に声をなくした。**グラディアトゥール**がすいすいと泳いで、二着に二馬身もの差をつけて、ゴールを抜けた。

二着の**クリスマスキャロル**はけして最後まで持たなかったわけではない。スピードが落ちたわけではなかったが、まるで止まっているかのようだった。

三着は大穴の**エルザム**。

人気の**ブリーダルバーン**はどこにいたのか、見えなかった。

ルマンダランが七着、**アルキメデス**が八着でゴールした。

やっと正気を取り戻した人々は、あの小馬の群れを引き連れた偉大な馬は、**グラディアトゥール**なのだということに気が付いた。それから轟音が響き渡った。

「彼が一着だ！　フランスの馬が！」

スタンドからも、その周囲からも、二十五万の観衆が人海となってどっとコースの中に流れ出た。人、人、人。タッテナムコーナーからスタンド前、ゴール付近、パドックまでも人だかりで埋もれてしまった。

優勝馬**グラディアトゥール**は騎馬警察に守られて、パドックへと進んでいった。

グリムショウとラグランジュ伯爵の周囲には、耳を聾する喝采の嵐がふきあれた。あのゴール直前でのスピードは、誰の目にも、たとえるものもない驚くべきものだった。

驚きの次には、事実の確認である。イギリス馬以外の馬による、初めての優勝なのだ！　創設以来、八十六回目にして、イギリスがダービー優勝を逃したのだ！

グラディアトゥールの賭率が一番高かったということは、イギリス人もフランス馬優勝の可能性が高いと思った人が大多数だったということだが、それでも、ショックはショックなのだ。イギリスのスポーツ紙はこう評した。

「イギリスのレースで最も大切なダービー、本当にイギリスのものである唯一のスペクタクル、我々が独占していたダービーは、もはや終わってしまった。丘から谷まで、つましい荷車から豪勢な馬車まで、あらゆる所へ響きわたって告げられた名前は、ダービーの創設以来はじめて、イギリスの名ではなかった。……我々は、武力によって戦争に負けた方がましだったと思いたくなるくらいだが、ライバルとして、この悩ましい成功を祝わねばなるまい。じつに考えさせられる大きな教訓である」

グリムショウはひどい近眼なので、じつはこのレース中、タッテナムコーナーを過ぎたあたりで先頭との差がそんなに開いているとは気が付いていなかった、という説もある。対戦相手の一人ゴーターという騎手が、走りながら教えてくれ、しかも道を開けてくれ、そのおかげで勝てたのだと。

また別筋の話では、このダービーには以前の**グラディアトゥール**の騎手エドワーズの乗る**ワイルドチャーリー**という馬が出ていたが、それと**アルキメデス**とが組んで**グラディアトゥール**の妨害をたくらんでいた、ということだ。グリムショウは落馬しそうになったが、なんとか立て直して、内埒《うちらち》を行こうとするとふさがれているので今度は大外を回って、それから稲妻のごとく先頭に踊り出て、一着に入ったのだと。

何がどうでも、イギリスはやられたのだ。でもやられてがっかりしているばかりでは、イギリスではない。常軌を逸したイギリス、祝賀騒ぎのほうも穏やかではないのだ。退役軍人で、**グラディアトゥール**の勝利を予想し心待ちにしていた人がいた。この人は賭けも大きかったに違いないが、それにしても、十万フラン（約一億円）もかけて派手なお祝いを準備していたとは。豪勢なテントを設営し二千人を招き、シャンパンを振る舞い、エプソム中のフランス人を祝ったのである。

ラグランジュ伯爵の心のうちは、どんなに熱いものでいっぱいになったことだろう。フランス馬でダービーを制すると誓った日から、十年足らず。しかし、どんなに長い十年だったことだろう。

この日レースをご覧になっていたイギリス皇太子からも、ラグランジュ伯はじきじきに祝辞をいただいた。エドワード七世として六十歳で王位につく皇太子だが、このときはまだ二十四歳。競馬はもちろん熱心な支持者で、本人も後にこのダービーに三回も優勝する。母上のヴィクトリア女王が繁殖牝馬を売ってしまったのは、もう過去の教訓である。

翌々日、皇太子はラグランジュ伯を晩餐会に招待した。そこにはダービー卿も同席していた。ダービー創始者の孫にあたる人である。二十三人の会食者はみな偉人ばかり。この神聖な場の洗礼を受け、ダービー卿からダービー優勝の祝いを授かる、初めての外国人となったラグランジュ伯爵だった。

この晩餐の場にはウェリントンと名乗る男も招かれていた。二代目ウェリントン公爵。あの、ワーテルローの戦いで、ナポレオンのフランス軍を破った英将ウェリントンの息子なのである。あの日からちょうど五十年目のことだった。同じ月のうちに、ラグランジュ伯は五十歳の記念すべき誕生日をむかえる。

実際、**グラディアトゥール**は「ワーテルローの復讐者」という異名をとる。ナポレオンの仇を討ったのは、因果な日に生まれた帝国将軍の息子と、その「闘士」だった。あれから半世紀の間に、英仏対抗の舞台は戦場からターフへと移り、野蛮な殺戮は純粋な名誉を賭けた委任勝負に変わっていた。

皇太子の祝いの言葉に答えて、ラグランジュ伯は、

「今回の勝利は、イギリス人である調教師と騎手の、それぞれの才能によるものです」と述べ

た。

皇太子は陽気にこう切り返した。

「おお、伯爵殿、あなたは我々には名誉だけを残してくださり、お金はごっそりとお持ちになるのですね！」

たしかに、世界最高額のダービーの賞金に加えて、二年前に賭けてあった金額が、大金となってイギリスからフランスへ渡るのだ。

ナポレオンからグラディアトゥールへ

グラディアトゥールの勝利は、まず伝書鳩でエプソムからロンドンへ、それから電信でパリへと伝えられた。

ニュースを知ったパリの人々は、まるで遠い戦地から戦勝宣言が届いた時のように舞い上がった。目に涙をうかべて、フランス人であることを誇りに思った。大人も子供も、パン屋のおかみも、乗合馬車の御者も、もろ手を挙げて狂喜に酔いしれた。トリコロールの旗をいつまでも振り続け、そして皆で声をはりあげた。

「フランス万歳！　フランス万歳！」

英仏戦の無念がこんなにもフランス人の心にわだかまっていたなんて。

ジョッキークラブの入居している建物には、《GLADIATEUR!》とだけ大きく書かれた白い幕がひらめいた。それだけで誰もが理解し、皆の胸をうった。

それから、帽子でもネクタイでもベルトでもリボンでも、ラグランジュ伯の勝負服の色である青と赤をどこかにつけるという流行が、あっという間に広がった。フランスでモードに採り入れられるというのは、勲章にも匹敵する名誉である。それと、ダービー優勝馬の肖像を描いたスカーフが毎年製作されるのだが、この年はいつもの五倍を製造して、またたく間に完売となった。

勝利の翌週にはパリへ戻っていたラグランジュ伯は、国民議会の公開会議の中で、ほかの代議士たちから正式に祝賀を受けた。ダービー優勝馬のオーナーである伯爵は、国民議会の議員でもあった。これが三ヶ月前のことだったら、議会の長はモルニーだったのだが。モルニーは、ラグランジュがオークスを手にしたところまでは知っていた。

祝賀だけでは終わらない。そのうえ、少ししてから伯爵のレジオン・ドヌール名誉勲章は、シュヴァリエ章（五等）からオフィシエ章（四等）へと昇格になった。本当の勲章ものの名誉が認められたのだ。


さてそして、来たるは六月十一日。ダービーから十一日後の日曜日、パリ大賞典が開催される。これに**グラディアトゥール**が出走するのだ。

あの感動と栄光を与えてくれた**グラディアトゥール**がフランスで走るのは、じつはこれが初めてになる。フランス人は、イギリスの競馬場を訪れた者以外、それまで**グラディアトゥール**の走りを見たことがなかった。

初夏の太陽のもと、ロンシャン競馬場始まって以来の、いやフランス競馬史が始まって以来の、最大数の人々が足を運んだ。十五万人以上ということである。集まった馬車の数はなんと二万五千台にものぼる。セーヌ川の蒸気船を使ってくる人も多く、競馬場最寄りの船着場では、一艘《そう》が到着するごとに群れをなして下船する姿が見られた。

イギリスからも、観客、ブックメーカーら大勢が押しかけている。

第三回パリ大賞典。今年は六頭の出走である。当然ながら**グラディアトゥール**が一番人気。二番人気は、二週間前のジョッキークラブ賞で**ルマンダラン**に先んじて優勝した、**ゴントラン**という馬である。その**ルマンダラン**も出ているし、ダービーで六着に入ったイギリス馬**トドゥルベン**もいるが、誰も彼もが**グラディアトゥール**の勝利を見に来ているのだ。

スタンドの皇族席には、ナポレオン三世、皇后、そして皇太子の顔があった。

このレース中、**グラディアトゥール**はずっと抑えて走っていた。抑えているのか、それとも競走しているのだということを分かっていないような、まるで呑気ともいえる走りだ。

最後のコーナーでは先頭の**ヴェルチュガダン**との差が七、八馬身も開いていた。グリムショウは、あのひどい近眼でまた見えていないのだろうか。今回はしかし、教えてくれる人はいるのだろうか。

ほんの少し、観客の間に不安が漂う。

ゴールまであと三〇〇mのところだった。**グラディアトゥール**はまたもや突然、電光石火のごとくすいすいすいと三度ほど飛翔し、それで先頭に追いつき、追いこしてしまった。魔術か手品か、それから軽いギャロップで、**ヴェルチュガダン**に六馬身の差をつけて、ゴールを駆け抜けた。ジョッキークラブ席のスタンドでは、ラグランジュ伯がもみくちゃにされていた。次から次へと祝いの抱擁に襲われて、息もつまらんばかりだった。われらがヒーロー、代議士伯爵！

「ブラボー！　ブラボー！　ブラボー！」

興奮の渦は割れんばかりの反響となってこだまして、周囲の村々まで響きわたった。彼方では、ブーローニュの森で民衆一揆でも起こったのではないかと、大騒動が懸念されていた。

計量がすんで優勝確定後、ラグランジュ伯は皇帝に召されてじきじきに祝辞をたまわり、それから二人連れだって厩舎のほうへ赴いた。皇帝は駿馬を撫でた。ナポレオン三世は伯父よりもずっと、巧みな馬術をこころえ、馬を愛し、知りつくした男でもあった。

グラディアトゥールはその秋にドンカスターのセントレジャーに優勝し、みごと「イギリス三冠馬」となった。一八五三年の**ウエストオーストラリアン**（＊）以来となる、史上二頭目の三冠馬である。イギリスの三冠を二番目に獲得したのは、このフランスの馬だったのだ。イギリスの三冠とパリ大賞典をあわせて「四冠」とも言われたが、これを成したのは後にも先にも**グラディアトゥール**だけである。

翌年、四歳の年にも走る。この年のアスコット・ゴールドカップが、**グラディアトゥール**の最驚レースである。五月三十一日、前年のちょうどダービーの日にあたる。

グラディアトゥールの肢の具合はいつになく悪かった。グリムショウは、下りをぜひともゆっくり行かなければ、**グラディアトゥール**はもたないと分かっている。アスコット・ゴールドカップは四〇〇〇ｍの長距離を行く。

出走馬はほかに二頭しかいない。**レガリア**というセントレジャーで一緒に走った馬と、去年のダービーを競ったあの**ブリーダルバーン**。一番人気はまたもや**グラディアトゥール**で、二対五にまで競りあがっていた。

スタンドの前を先頭の**ブリーダルバーン**に遅れること四十馬身差で通過した**グラディアトゥール**は、ゴールまであと一六〇〇ｍの地点では三〇〇ｍも離されていた。誰もが、これではもう完全に駄目だと思った。

「いえいえ、大丈夫、**グラディアトゥール**の勝ちですよ」

こんなにも遅れていながら、ラグランジュ伯だけは大きく構えていた。

そう、そして本当にそのとおりだった。コースの下り部分を抜けると、最後にまた**グラディアトゥール**はあれよあれよという間に出てきて、**ブリーダルバーン**に並び、追い越し……、そして二着の**レガリア**に……四十馬身という大差をつけて、ゴールを抜けた。

ブリーダルバーンは、あの地点から、レース放棄となってしまったのだった。消耗しすぎてもはや走れず、騎手は下りて馬を引いて歩いてきた。**グラディアトゥール**の文字どおりの稲妻に、打たれてしまったのだ。

観衆の驚愕はまたも拍手喝采となって渦巻いた。英国王室の競馬場アスコットで、他の追随を許さないことをはっきりと示した**グラディアトゥール**。まるで戴冠式でのように、王者としての君臨を揺るぎないものにしたのだった。

グラディアトゥールは、競走馬としてのキャリアの中で、全部で十九のレースに出走し、そのうち十六回を勝利で飾った。負けた三回のうち二回は二歳のデビュー戦のころで、もう一回は、記録的最大斤量を負ったケンブリッジシャー・ハンディキャップであった。三歳優勝馬の最重が四八・五キロだった時に、六二・五キロ。ラグランジュ伯もグリムショウも、無駄に**グラディアトゥール**を傷めたくなかった。

彼の最後の出走はロンシャンだった。あの象徴的なナポレオンのグラン・プリである。この時点では〈皇帝大賞典〉という名称になっていた。

ちょっとふりかえってみると、ナポレオンのグラン・プリは、一八三四年に王国大賞典となり、四八年に国民大賞典となり、五三年に帝国大賞典、六一年に皇帝大賞典、とここまで変わってきた。そして、六九年からは〈グラディアトゥール賞〉と改名されて、そのまま現在に至っている。「ワーテルローの復讐者」の名前が、ナポレオンの創ったレースの名に残ったのである。

グラディアトゥールの出走したグラン・プリは、一八六六年。春にアスコットで四十馬身差をつけて勝利を飾った年の秋である。このレースは六二〇〇mというフランスの最長距離競走である（現在のグラディアトゥール賞はその半分で三一〇〇m）。ほかに出走馬は三頭。

グラディアトゥールの騎手が乗り替わっていた。調教師チャールズ・プラットの弟の、ジョージ・プラットだ。それまでの騎手グリムショウは、この何日か前に、交通事故で非業の死を遂げていた。近眼のせいだろうか、自ら御す車の馬が暴れたとき、堀に落ちて車の下敷きになってしまった。彼は、どんな買収の誘惑にも屈することのなかった、非の打ちどころのない誠実さをそなえた騎手だったという。

ジョージ・プラットは、何の作戦もなく、**グラディアトゥール**を自由に走らせた。いつもなら、ギリギリまで待って後からさすのだが、今回はずっと先頭をのびのびと行った。

競走相手のうち二頭が、途中でついてこられなくなって放棄した。

ゴールを抜けるときは、スピードを落としてゆっくりと、「君主のような優雅さで」入ってきた。二着の**ヴェルチュガダン**が、そのうしろ二馬身のところをかしずくように入ってきた。

***ウエストオーストラリアン**は、その後モルニーが買い取って牧場に置いていたが、種牡馬としてはいまひとつだった。モルニーの死後はフランスの国立牧場が買い取った。

ヒーローの思い出

翌一八六七年から繁殖生活に入るわけだが、最終的に、**グラディアトゥール**は速い子孫を残さなかった。「闘う者」として生まれた**グラディアトゥール**は、闘う子孫を残さなかった。

はじめのうち、彼による種付けには高い値段がついたが、何年かして子供が速くないことがあちこちで分かってくると、それもしだいに下がってきた。**グラディアトゥール**はそれほどまでに、イギリスを敵と思っていたのかもしれない。種牡馬となってからはほとんどイギリスで過ごしたのだが、まさか、敵国で速い子孫を残すわけにはいかないと?

それだけではない。**グラディアトゥール**の繁殖生活の時代は、社会の混乱の時代とも重なる。一八七〇年には普仏戦争が起こり、**グラディアトゥール**は正式にイギリスの牧場に売られた。ラグランジュの厩舎だけでなく、ほかのフランスの厩舎も戦争によって大方のところが解体してしまったり、良い馬は戦禍を避けてイギリスに運ばれたりなど、国内の競馬にとっては後退を強いられた時期だった。七一年はジョッキークラブ賞もディアヌ賞も、パリ大賞典も、非開催だった。

フランス生まれの馬によるエプソムダービー二勝目は、一九一四年の**ダーバー**まで待たないといけない。**グラディアトゥール**から半世紀も後である。やっぱり、どんなにダービー優勝が高い目標であることか。そして**グラディアトゥール**のしたことは偉大なことだったか。

第二帝政期と呼ばれるナポレオン三世の黄金時代は、フランス競馬の面から見ても輝かしい時代であり、ちょうど**モナルク**に始まり、**グラディアトゥール**で幕を閉じる。ナポレオン三世が皇帝になった年に**モナルク**が生まれ、**グラディアトゥール**の最初の仔たちが試走される年に普仏戦争は勃発する。偶然の一致とはいえ、あまりにも運命的なことだ。

唯一、**グラディアトゥール**の仔で、トム・ジェニングスが「父親に劣らぬ良馬」と目をかけた馬が、ニューマーケットで一走しただけで、怪我を負って再起不能になってしまう。これがまた、**ヒーロー**という名の馬だった。

グラディアトゥールの思い出は、今はロンシャン競馬場に銅像になって立っている。

この像はダービー優勝の翌年に制作されてはいるが、この場所へ運ばれたのは第二次世界大戦後だそうである。移されるまではオワーズ県のシャペル・アン・セルヴァルというところの牧場に立っていた。シャンティイから少しパリ寄りのところである。

だが、「これは**グラディアトゥール**ではないのではないか。彼はこんなに整っていなかったではないか」という論議もある。体高も、残っている記録では一m六五以上あったはずだが、銅像は一m六〇しかない。

イジドール・ボヌールという彫刻家は、思い出を美しく残したかったのではないだろうか。本物の**グラディアトゥール**に似せて、あえて醜い像を作りたいとは思わなかったのだろう。きっと「強く美しいサラブレッド」の理想像を後世に残そうとした結果、あのような銅像ができあがったのではないだろうか。

モナルクのほうはダンギュの墓に手厚く葬られ、長いこと赤と青（ラグランジュ厩舎の色）の花々に囲まれていたのだが、父親の二年後に訪れた**グラディアトゥール**の死は、その時代ではほとんど話題になることはなかった。舟状骨炎が重症化し、フランスに帰らないまま安楽死を施された。一八七六年、十四歳だった。

しかし、トム・ジェニングスはずっと**グラディアトゥール**のことを気にかけていた。彼に夢をかけていたのだろう。遺品としてトムは、亡き名馬のひづめの一つと皮の一部を手に入れていた。それらは、トムが亡くなった後ジェニングス夫人によって、フランスの競馬協会に寄贈された。イギリスのジョッキークラブのほうでは、**グラディアトゥール**の尻尾を大事に保存している（国立競馬博物館蔵）。

その尻尾を眺めているうちにか、ユーモアをこめてこんな言い回しができた。

「**グラディアトゥール**にかかったら、イギリスの馬は、尻尾しか見ることがかなわんのだ！」

フランスの熱狂をどこか超越してしまっている、イギリス人のこのクールさがたまらない。

終章
永遠の闘い

「ご婦人用スタンドは超満席である。社交界の有名どころ、パリ中の美とエレガンスが集まっている。(……)うっとりと微笑を浮かべた貴婦人たちが、まるでオペラ座の舞台でも眺めるかのように周りを見渡すしぐさは、なんとも雅やかなことだ。馬に見入る女の人も少しばかりいる。

馬車がひしめき、ぶつかり合う。森の小道はどこもかしこも人ばかりで、十万人は何も見ることはできない。つま先立ちしてやっと、土埃の中にポツポツと赤、黄、青などの色を見とめるだけだ。それはジョッキーなのだが、群衆には展開など分かりはしない。それでもたいそうな感動を誘うのである」


一八七二年、フレンチターフの復活の年。第九回パリ大賞典。ゾラが見た実際の六月十三日の様子である。優勝は、**クレモーン**というイギリス馬だった。

七一年、フランスの暗黒の年には、フランス馬はイギリスで走って大活躍を収めていた。そして翌年と翌々年、イギリス競馬のリーディングオーナーはフランス人だった(J・ルフェーヴル)。

ラグランジュ伯も戦後ふたたび競馬を続け、最後まで波乱万丈の競馬人生を送った。**グラディアトゥール**の年以降、二回もイギリス競馬のリーディングオーナーとなる。が、一八八三年に六十八歳で亡くなったときには、あの莫大な財産はすべて使い尽くされていた。

ターフのモデルニテ（近代）以降は、競馬は資本家たちによる事業ともなり、多くの大馬主が台頭した。彼らの影響を受けて、英仏以外の国でも競走馬の生産に興味が持たれるようになった。七六年にはハンガリー出身馬**キスバー**がエプソムダービーとパリ大賞典に優勝した。それに、アイルランド、ドイツ、イタリアなどでも次々に競馬体系が整備されてくる。

アメリカ人だってチャレンジ精神ではどこにも負けない。二度目のフランス産馬によるエプソムダービー制覇は、H＝B・ドゥリエイというアメリカ人によるものだった。その馬**ダーバー**はフランスで生まれ調教されていたが、国籍はアメリカである（基本的に馬の国籍は馬主と同じになる）。

その後に創設された凱旋門賞は、またさらに大馬主たちの注目を集めることになった。

だが近年では、狭き門の競馬界もずいぶん裾野が広がって、金満家でなくとも馬主になる人が増えている。一口馬主という話も聞く。大馬主が少なくなり、そのぶん中小馬主が増えて、人数としてはフランスでは二〇〇二年の三千八百人から二〇〇八年には四千五百人へと飛躍的に数字を伸ばした（これはギャロップレースだけの馬主人口）。

プリンスとダンディだけではない、今や競馬はもっと広い層に許されるスポーツになったのだ。しかしそれで競馬界が俗化したということではない。馬を持つことの高雅な価値観は、なおも変わらず受け継がれている。フランスにサラブレッドがいる限り、そしてサラブレッドがエリートである限り、その価値観はこれからもずっと共有されていくだろう。

こうして歴史を振り返ってみると、フランスにイギリスから競馬が渡ってきてから、イギリスに追いつくまでの一世紀は、やはり面白味に尽きないと再認識する。イギリスに憧れて始まり、イギリスを倒したくて続けられたフランスの競馬。多くの英雄が生まれ、栄光の物語が語り継がれた。

イギリスに肩を並べてからまた一世紀半が経ち、今では、フランスの凱旋門賞は世界で一番崇高なレースになった。クラブというのもイギリスが発祥の地だが、今ではフランスのジョッキークラブが世界で一番格調高いクラブになった。

イギリスで生まれ、フランスで昇華するというかたち。不思議な関係である。遡れば、「働く貴族」と「遊ぶ貴族」のずれに行き着くのだろう。働く貴族が生み出し、遊ぶ貴族が優雅さと名誉を付与する。英仏のこの微妙な関係が、今日も競馬の世界の深みになっているのはたしかだ。

かといって、両国が仲良く手をつないで競馬をしていると思ったら大間違いだ。いまだに二国間の溝は深い。十七世紀にフランスがイギリスを「不実な国（ペルフィッド・アルビオン）」と呼んでから、まだこの呼称は有効なのである。

二国のずれは、競馬施行規約の違いとなって表れている。

それが具体的に問題となった例が、二〇〇九年のヴェルメイユ賞である。三歳以上牝馬による、凱旋門賞の前哨戦。

舞台はロンシャン。フランスの誇る代表**スタセリータ**は、無敗のまま三歳の女王としてここに臨んでいた。対抗はイギリスからの挑戦馬で、クラシック馬を破ってG1レース二連覇で進んできた、四歳の**ダーレミ**。

ゴール前の直線で行く手をふさがれていた**ダーレミ**は、ドイツ馬**ソベラニア**をかわして進路を見つけると、それから後脚を伸ばして**スタセリータ**と競り合い、大歓声の中、首の差をつけて先頭でゴールを抜けた。

スタセリータははじめて負けた……、と思ったのもつかの間、**ダーレミ**にクレームがついた。**ソベラニア**の走行を妨害した、ということだった。**ソベラニア**は五位入線していたので、審議の結果、**ダーレミ**が五着に降着、**ソベラニア**が四着に繰り上げられた。そして、二位入線の**スタセリータ**が、繰り上げ優勝馬となったのだった。

イギリスの規約による審議だと、こうはならない。イギリスでは、被害馬（**ソベラニア**）は妨害されなければ、加害馬（**ダーレミ**）に勝つことができただろうか、というのが裁決の基準となるからだ。

世界の国々の競馬規約は、このイギリス式かフランス式のどちらかを採用していることが多い。日本はフランス式である。加害馬は被害馬がもっと上位に繰り込むことを妨げたか否か、が基準となる。

フランスの規約でも、もし**ソベラニア**が妨害されなければ四着以上に繰り込んでいたという可能性がないのであれば、**ダーレミ**は降着されないのだが、これを判断するのに極めつけのルールがある。被害馬の着順可能性に疑問のある場合は、いつでも被害馬のほうに有利なように裁決される、ということになっているのだ。

このフランス式だと、あまりに高潔で、勝負の面白み、ひいては本当の公正さをそぐことにもなる気がする。しかし逆にイギリス式では、強い者が勝つには少しくらい他者の妨害をするのは当たり前、のような乱暴なところがなくもない。

話はそれで終わらない。**ダーレミ**の馬主は、審議の結果を上訴した。そしてフランス・ガロで公判が開かれるという一大事に至り、**ダーレミ**VS**スタセリータ**の勝敗の帰結として、両馬の関係者をはじめ、英仏の競馬ファンが、一同興味深く顛末を見守ることとなった。

レースから二週間近くが過ぎて下された判決は、審議の結果をそのまま肯定するものだった。

この事件では、それぞれがスター馬だったこともあって、イギリスの競馬ファンの憤慨は大きかった。彼らは、判決の日から約一週間後に控えた凱旋門賞をボイコットすると息巻いていた。

まず、イギリス人にはこのフランス式の込み入った理論による規約がよく呑み込めなかったのだ。フランスの合理主義と、イギリスの経験主義のギャップが、こんなところまで影響してきている。

しかし**ダーレミ**の馬主側は、「私はフランスに来るのが大好きなのです」と言って、先の判決を不服としながらも、愛馬を凱旋門賞に出馬させた。（優勝は**シーザスターズ**。**ダーレミ**は五着で、七着の**スタセリータ**を含めた全牝馬を凌駕した。）

英仏だけでなく、こういった問題は他の国々でも起こりうる。競馬界はどんどん国際化しているのだから、規約を統一していかなくてはならない。その仕事は一筋縄ではいかないだろうが、国際機関が「競馬施行規約統一委員会」を設立して、取り組んでいるところである。

イギリス式規約とフランス式規約とで、さてどこまで調和が取れるものだろうか。英仏関係のもつれが、国際的に審議される歴史的瞬間に、私たちは立ち会っているのである。

それとはまた別に、フランスには国内の差し迫った課題がある。ロンシャン競馬場の新装工事である。

大規模な改造ということで、建物も新築することが決まったのだが、工事のあいだ、それまで走られていたレースをどこで開催するかがまだ検討中なのである（予定では二〇一三年）。

シャンティイが新しくなったばかりなので、あちらで、という意見がある。普段のレースはそれでも良いが、問題は凱旋門賞である。シャンティイ競馬場は三万人来たらもう身動きとれないという感じなのだ。国内最大の競馬場の代わりになる施設が、そもそも国内にあるはずもない。そこで、変わったアイデアが挙がった。凱旋門賞をなんと、イギリスのアスコットで行うというのだ。おそらく実現はしないとは思うのだが、そこまで頭をひねっているようである。はじめはちっともピンと来なかったけれど、いやもしかして案外面白いかもしれない。歴史の中に一度でも、「凱旋門賞がイギリスで走られる」と残るなんて。

イギリス人のいない凱旋門賞なんて、どのみち考えられないことだ。イギリスのないフレンチターフはありえない。

そうなのだ。フランス競馬界の高潔さも、優雅さも、なんのことはない、「不実な国」の存在そのものにかかっていたのではないか。

過去から現在まで、イギリスVSフランスの図式は、太い縦糸となって競馬の歴史を織り成してきた。そして未来にも、この闘いは永遠に続いていくのだろう。

年表

一六五一　フランス宮廷で最初のイギリス式競馬を開催
一六六五　ルイ十四世が王立牧場の基礎となる種牡馬管理の任務を創設
一六八九　サラブレッド三大始祖の一頭目（**バヤリーターク**）がイギリスへ到着
一六九九　英仏第二次百年戦争開始
一七〇〇　サラブレッド生誕に貢献するモロッコのバルブ馬がフランスを経由してイギリスへ
一七〇四　亡命中の英国スチュワート家を招いてフランス宮廷でイギリス式競馬を開催
一七三〇　サラブレッド三大始祖の二頭目（**ダーレーアラビアン**）がイギリスへ到着
　　　　　サラブレッド三大始祖の三頭目（**ゴドルフィンアラビアン**）がフランス経由でイギリスへ到着
一七五〇　イギリスでジョッキークラブが成立
一七六三　第一次イギリス帝国完成、フランスの植民地はイギリスの支配下に入る
一七六五　ローラゲー伯爵がモンカニジー牧場を開く
一七六六　ヴォワイエ侯爵がオルム牧場を開く
一七七五　サブロンでサラブレッドを使っての初イギリス式競馬

一七七六　アルトワ伯とシャルトル公によるサラブレッドのレース（キングペピンなど）
一七七八　アルトワ伯がメゾンに、シャルトル公がヴァンセンヌに牧場を開く
一七八〇　フランスがアメリカの独立を承認
一七八一　イギリスで第一回ダービー開催
一七八三　ルイ十六世による王の賞第一回開催（第三回まで続く）
アメリカ独立、英仏和平条約
一七八九　フォンテーヌブローで英仏対抗競馬の再開、フレンチターフ一時消滅
フランス革命勃発、種牡馬牧場閉鎖
一七九一　イギリスで『ジェネラルスタッドブック』が刊行される
一七九二　第一共和政（―一八〇四）
一七九三　ルイ十六世とマリー＝アントワネットが処刑される
一七九六　シャン・ド・マルスで初めて競馬が行われる
一八〇四　ナポレオンが皇帝になる　第一帝政（―一八一四）
一八〇五　ナポレオンの馬産政策開始、種牡馬牧場再編成
一八〇六　ナポレオンのグラン・プリ（大賞典）第一回
一八一四　王政復古、ルイ十八世が即位
一八一五　ナポレオンの百日天下、ワーテルローの戦い

一八一九　ルイ十八世、王国賞（プリ・ロワイヤル）を開催
一八二四　アルトワ伯がシャルル十世として国王になり、王の賞と王太子の賞を開催
一八二七　セイムール卿が馬主として活躍を始める
一八二八　フランス産サラブレッドのヴィットリアがイギリス馬を制す
一八三〇　七月革命、国民の王ルイ＝フィリップが即位、七月王政開始（－四八）
一八三三　フランス血統馬の登録書の作成開始（一八三八にできあがる）
　　　　　競馬協会〈フランスにおける馬種改良のための奨励会〉発足
　　　　　メゾンで競馬が再開する
一八三四　シャン・ド・マルスで奨励会による最初の競馬
　　　　　シャンティイで初めての競馬
　　　　　王国大賞典（ナポレオンのグラン・プリの改名）
一八三六　第一回ジョッキークラブ賞
　　　　　凱旋門が完成する（一八〇六にナポレオンが建設を命令）
一八四〇　トンティーヌ事件
　　　　　アングロ・アラブの名称が正式に採用される
　　　　　ナポレオンの遺灰が帰還し、凱旋門を通る
一八四二　セイムール厩舎終了

オルレアン公フェルディナンの厩舎終了

一八四三　第一回ディアヌ賞

一八四八　二月革命、第二共和政開始（－五二）

国民大賞典（ナポレオンのグラン・プリの改名）

ルイ＝ナポレオンが大統領に当選する

一八五二　第二帝政開始（ルイ＝ナポレオンがナポレオン三世として皇帝になる）

一八五三　帝国大賞典（ナポレオンのグラン・プリの改名）

フランス産馬がはじめてイギリスのレースに勝つ（**ジューヴァンス**）

一八五四　モルニーが立法院議長となる

一八五五　第一回パリ万博

一八五六　カフェ・ド・パリ閉店

ラグランジュ伯爵がオーモン厩舎を買う

一八五七　ロンシャン競馬場落成、**モナルク**の活躍

一八六一　皇帝大賞典（ナポレオンのグラン・プリの改名）

日本で初めての西洋競馬が行われる

一八六三　第一回パリ大賞典

一八六四　フランス産馬が初めて英クラシックレースに勝つ（**フィーユドレール**）

一八六五　ドーヴィル競馬場落成
一八六七　第八十六回エプソムダービーでフランスの**グラディアトゥール**が優勝
一八六九　ジョゼフ・オレールが勝馬の投票制を発案する
一八七〇　グラディアトゥール賞（ナポレオンのグランプリの改名）
一八七四　普仏戦争、第二帝政崩壊、第三共和政開始
一八七八　第一回グラン・スティープル・チェイズ・ド・パリ（パリ大障害）
一八八〇　メゾン・ラフィットに競馬場施設が落成する
一八八九　ゾラが『ナナ』を発表。記録的ベストセラーとなる
一八九一　第四回パリ万博の呼び物としてシャン・ド・マルスにエッフェル塔が建つ
一八九八　競馬協会と馬券制度が国の管轄下となる
一九一九　ナタン・ウィルデンシュタインが競走馬の厩舎をつくる
　　　　　第一次世界大戦終結
一九二〇　ピエール・ウェルテメールが競走馬の厩舎をつくる
　　　　　第一回凱旋門賞
一九二一　第一回アメリカ賞（馬車引きトロット）
一九三〇　アガ・カン三世が競走馬の厩舎をつくる
　　　　　場外馬券を許可する法律が成立、ＰＭＵの誕生

一九三二　日本で第一回ダービーが行われる
一九四五　第二次世界大戦終結
一九五四　チエルセ（三連単）の創設
一九六〇　アガ・カン四世が厩舎を継ぐ
一九六三　ダニエル・ウィルデンシュタインが厩舎を継ぐ（－二〇〇一）
一九六九　初の日本馬による凱旋門賞挑戦（**スピードシンボリ**）
一九八〇　中東の馬主として初めてカリド・アブドゥラが欧州のG1レースを制す（英二千ギニー）
一九八九　カンテ（五連単）の創設
一九九三　イギリスで競馬業務がジョッキークラブの管轄を離れる
一九九六　メゾン・ラフィットで『草上の昼食』第一回
二〇〇四　エドゥアール・ド・ロトシルト男爵がフランス・ガロ会長に就任
二〇〇五　ロンシャンでパリ祭のセミ・ナイター第一回
二〇〇六　**ディープインパクト**の凱旋門賞挑戦。ロンシャンで記録的入場者数

主要参考文献

N. de Blomac «La gloire et le jeu» Ed. Fayard, 1991

F. Bluche «Louis XV» Librairie Académique Perrin, 2000

C. Brunet et R.Thomas «L'équitation» Presses Universitaires de France, 1990

M. Carmona «Morny: Le vice-Empereur» Ed. Fayard, 2005

J. Chalon «Chère Marie-Antoinette» Librairie Académique Perrin, 1988

J. Draper «Le grand guide du Cheval» Ed.de l'Olympe, 1999

G. Flaubert « L'éducation sentimentale» Le livre de Poche

M. Gaillard «Les Hippodromes» La Palatine, 1984

J. Gendry «Le cheval» Presses Universitaires de France, 1981

G. Guillotel «L'homme à cheval au XIXe siècle: Antoine d'Aure» Belin, 1999

D. Kalifa «La culture de masse en France» Ed. La Decouverte, 2001

D. Lacotte «La vie extraordinaire de lord Seymourdit milord L'arsouille» Albin Michel 1989

H. Lee «Historique des courses de chevaux de l'Antiquité à ce jour» Eugène Fasquelle, 1914

J.-P. Reynaldo «Histoire des courses plates» Ed. Galtro, 1990

C. Soumillon «Insoumis : Un rêve de gosse, un destin d'exception» Le cherche midi, 2007
J. Stren «Les courses de Chantilly sous la Monarchie de Juillet» Calmann-Lévy, 1913
G. Thibault «L'épopée de Gladiateur» Union National Interprofessionelle du cheval, 1990
G. Thibault «Auteuil, hier et aujourd'hui: Tome2» Ed.Castelet, 1998
G. Thibault «Un autre regard sur les courses» Ed.Castelet, 2007
E. Zola «Nana» Le livre de Poche
«Paris et ses Cafés» Action artistique de de la ville de Paris, 2004
«Résidences princières d'île-de-France» Ed.Atlas, 2008
«Guide de Paris Mystérieux» Ed.Sand, 1985
Journal «Paris-Turf»
Journal «Week-end»
Site web de France Galop　http://www.france-galop.com/
Site web du PMU　http://www.pmu.fr/
鹿島茂『馬車が買いたい！　十九世紀パリ、イマジネール』白水社　１９９０年
鹿島茂『情念戦争』集英社インターナショナル　２００３年
鹿島茂『怪帝ナポレオン三世』講談社　２００４年

川島ルミ子『フランス革命秘話』大修館書店　１９８９年
ゾラ『ナナ』川口篤・古賀照一（訳）新潮文庫
長塚隆二『悪の天才タレイラン』読売新聞社　１９９０年
フロベール『感情教育』生島遼一（訳）岩波文庫
山本一生『競馬学への招待』ちくま新書　１９９５年

他、多数

【マ行】

【カ行】

【サ行】

人名・馬名索引

（**ゴシック体**は馬名）

【ア行】

著者略歴　大串久美子（おおくし・くみこ）
茨城県出身。学習院大学文学部仏文科卒。
1993 年よりフランスにて生活文化史を研究
翻訳・執筆活動の傍ら、フランス競馬に関わる取材は 15 年にわたる。
訳書に『カリブの音楽とダンス』（頸草書房）

華麗《かれい》なるフランス競馬《けいば》

ロンシャン競馬栄光の日

2011 年 4 月 20 日　初版第 1 刷発行
著者　©大串久美子
企画協力　企画のたまご屋さん（深谷恵美）
写真撮映　Sumiyo Ida
装丁　阿部賢司
発行者　井田洋二
発行所　株式会社　駿河台出版社
〒 101－0062
東京都千代田区神田駿河台 3 丁目 7 番地
03－3291－1676（代）
03－3291－1675
http://www.e-surugadai.com
印刷・製版　株式会社シナノパブリッシングプレス